한국기업의 경영사례

본 연구총서는
서울대학교 발전기금 연구비 및
서울대학교 경영연구소 연구비 지원에 의하여 이루어졌음.

서울대학교 경영연구소 기업경영사 연구총서 26

한국기업의 경영사례

김수욱 이동기 조재호
김태웅 박재석 박지영
왕수봉 윤선흠 조정은

서울대학교출판부

Business Cases in Korean Corporation

Soo Wook Kim · Dong Kee Rhee · Jaeho Cho
Tae Woong Kim · Jae Seok Park · Jiyoung Park
Shu Feng Wang · Sun Heum Yoon · Jungeun Cho

Seoul National University Press

머리말

최근 국내외 경영대학에서는 사례 중심 교육의 중요성이 점점 강조되는 추세다. 그러나 그동안 한국기업에 대한 사례가 거의 개발된 적이 없어 국내 경영대학에서는 주로 하버드대학교 경영대학원에서 개발된 외국의 사례를 강의에 활용해오고 있는 실정이다. 이러한 필요에 의해서 강의에 활용할 수 있도록 다양한 국내 기업의 경영사례를 개발하여 책으로 출간하게 되었다.

『한국기업의 경영사례』는 2006년 봄부터 서울대학교 경영대학 교수가 주축이 되어 경영대학 학부생, 석·박사 학생, 그리고 국내외 사례 개발 전문가들이 참여하여 공동으로 연구한 결과이다.

우선 이 책의 제Ⅰ장에서는 세계 해운업계에서 5위권에 속하는 유일한 한국기업인 한진해운의 E-SCM 서비스를 살펴보았다. 한진해운은 내부 업무 프로세스를 혁신하고 선진 IT 및 차별화된 고객 서비스 역량을 확보하기 위한 혁신적인 운영 모델을 도입하여 최적화하는 방안을 모색하고 있으며, 이는 급변하는 환경 속에서 IT 신기술을 적용하여 변화에 유연하게 대처하는 글로벌 기업의 사례로 참고할 수 있다. 제Ⅱ장에서는 GM DAEWOO의 글로벌 통합과 성장 과정을 살펴보고, 그 과정에서 부분별로 이루어진 혁신과 변화, 그 결과 이루어낸 GM DAEWOO의 경영성과에 대해 살펴본다. 제Ⅲ장에서는 장외파생상품거래 사례에 대해 은행과 상사의 통화파생상품계약의 체결과 청산까지의 과정을 살펴보고 마지막에 문제를 실어 수업에 활용할 수 있게 하였다.

이 책이 국내 사례를 세계에 알리는 데 도움이 되고, 국내 교수들의 강의와 연구에 유용한 자료가 되었으면 하는 바람이다. 이 사례들을 개발하는 데 연구비를 지원해준 2단계 BK21사업 경영전문사업단에 감사드린다.

2009년 2월

김수욱 · 이동기 · 조재호

차 례

제II장 GM DAEWOO의 글로벌 통합과 성장

이동기 · 박재석

제Ⅲ장 XYZ 은행과 ABC 상사의 장외파생상품거래

조재호 · 윤선흠 · 왕수봉 · 김태웅

표 차례

그림 차례

제 I 장

한진해운의 E-SCM 서비스

1 서론

2004년 3월 한진해운은 2003년 회계연도 결산 결과 영업이익이 전년 대비 37배나 상승한 4,320억 원을 기록하면서 통합 정보관리 시스템인 NIS (New Information System)가 일등 공신으로 주목을 받았다. NIS는 한진해운이 '수익 위주의 경영 확립'을 표방하면서 지사 또는 부서별로 다른 프로세스로 이루어지던 업무를 통합하여 업무의 중복을 없애고 원가산정을 위한 체계를 마련하려는 취지로 300억 원을 들여 1994년부터 개발에 착수하여 1998년에 도입한 시스템이다. 한진해운의 NIS에는 재무, 기획, 영업지원, 고객지원, 법무 등 ERP(Enterprise Resource Planning)[1] 기능에 물류, 비용관리, 운항관리, 장비관리 등 해운 관련 업무를 지원하는 기능이 결합

1) 인력, 생산재, 물류, 회계 등 기업의 모든 자원을 통합적으로 관리하는 전산 시스템을 말한다.

되어 있다.

그러나 NIS는 클라이언트/서버 기반으로 개발된 시스템이어서 E-SCM[2] 시대에 들어서면서 변화한 비즈니스 환경에 적합하지 않은 측면이 없지 않았다. 프로그램을 다운로드해서 사용해야 하는 클라이언트/서버 방식은 설계가 간단하고 적은 비용으로 고성능 서버를 대신할 수 있다는 장점이 있으나, 대형 데이터 로직에 대해 클라이언트의 성능이 저하되고 사용자 교육이 필요하며, 시스템의 확장성과 유연성이 부족하다는 단점이 있다. 따라서 다수의 기업 외부 사용자들이 시스템에 접속하는 E-SCM 환경에서는 추가 사용자 수용을 위해 시스템 확장성과 개방성이 뛰어나고, 업그레이드를 짧은 시간에 완료할 수 있으며, 사용자 인터페이스가 용이해 별도의 사용자 교육을 필요로 하지 않는 웹 기반 시스템으로 전환해야 할 필요성이 대두되기 시작하였다.

해운시장은 중국 경제의 급격한 성장에 힘입은 China Ocean Shipping (Group) Company(COSCO)[3]와 같은 대형 중국 국영 선사들의 선전으로 가격경쟁이 치열해지고 있다. 한진해운은 원가경쟁력에서 중국 국영 선사에 비해 열위에 있어 경쟁력의 축을 고객 서비스에 둘 수밖에 없는 상황이다. 따라서 고품질의 차별적인 고객 서비스를 제공하기 위해서는 한진해운이 활용하고 있는 정보 시스템도 새롭게 고안되고 업그레이드되어야 한다. 현재의 NIS 시스템은 화물에 대한 예약에서부터 인도까지 고객에게 실시간으로 정보를 제공하고 있지만, 대형 고객사들이 E-SCM을 도입하기 시작하면서 화물의 현재 위치정보 등과 같이 자세한 정보까지도 해운기업이 제공하는 기본적인 서비스 사양으로 요구하기 시작했기 때문이다.

---

2) E-SCM이란 디지털 기술을 활용하여 공급자, 유통채널, 소매업자, 그리고 고객과 관련된 물자, 정보, 자금 등의 흐름을 신속하고 효율적으로 관리하는 것을 의미한다. E-SCM은 공급자에서 고객까지의 공급사슬상의 물자, 정보 등을 디지털 기술을 활용해 통합하여 관리함으로써 E-비즈니스 수행과 관련된 공급자, 고객, 그리고 기업 내부의 다양한 니즈를 만족시키고 업무의 효율성을 극대화하려는 전략적 기법이다(김범열, 2000).

3) 전 세계에서 가장 큰 해운기업 중 하나인 중국 국영 기업체로, 130척의 배를 소유하고 있으며, 전 세계 100개의 항만을 방문한다.

〈그림 I-1〉 한진해운의 비즈니스 프로세스

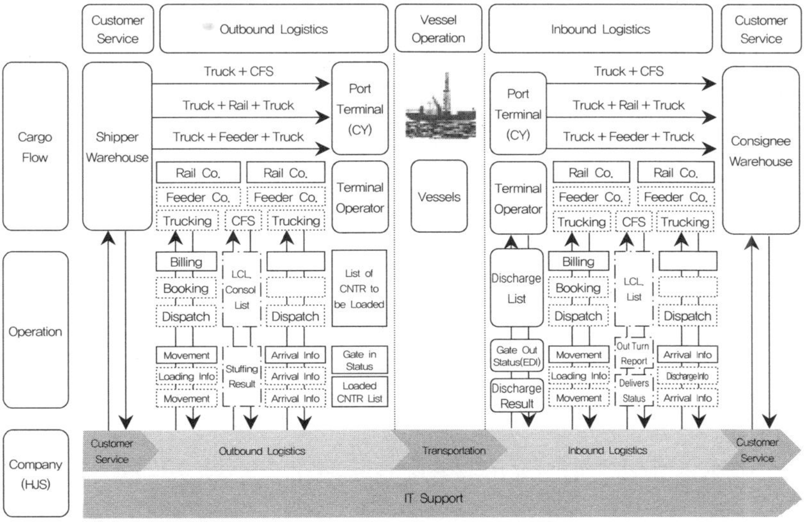

출처: 한진해운 내부자료.

IT기획팀 정은조 상무[4]는 성공적인 통합 정보관리 시스템으로 평가받고 있는 NIS의 뒤를 이을 새로운 시스템의 도입에 고민하고 있다. 새로운 시스템 도입에 대한 시장의 압박은 커지고 있으나, 전 세계 50개 지점의 IT 인프라 환경을 고려해야 하기 때문에 웹 환경으로 업무 시스템을 개발하여 적용하기 위해서는 근본적으로 다른 시각에서 시스템을 설계해야 한다. 또한 혹시 일어날지 모를 시스템 개발 실패에 따른 손해도 염두에 두어야 한다. 한진해운은 그동안 6, 7년을 주기로 시스템 환경을 업그레이드해왔다. 그러나 IT 시스템의 재구축은 단순히 전산 시스템을 업그레이드하는 차원이 아니라 재무, 구매, 인사, 기획, 영업, 물류 등 전사적인 업무 프로세스의

4) 정은조 상무는 부장이던 지난 1991년 '모범직원상', 1996년 최우수 공로상인 '한진쉬핑맨상'을 수상하는 등 성실함과 탁월한 업무능력을 인정받아왔다. 또한 2005년 제42회 무역의 날 수상자로 선정되어 대통령 표창을 받았다. 당시 정 부장은 국가 전자무역 발전을 위한 전자무역추진위원회 물류 통관 워킹 그룹 위원으로 무역 관련 업계의 협업화 사업에 적극 참여했으며, 해운물류산업 핵심 업무를 E-비즈니스화함으로써 무역업무의 온라인화와 원스톱 서비스 체제 구축에 기여한 공로를 인정받았다.

재설정 및 개선으로 전 임직원이 참여하는 대규모 프로젝트가 될 것이다. 궁극적으로 이 IT 시스템 구축은 향후 한진해운이 국내 1등 기업에서 한발 더 나아가 전 세계 해운업계의 3위권 안에 드는 강자로 발돋움할 수 있는 발판이 될 것으로 보인다.

2 해운산업

1) 해운산업의 개요

전 세계 해운업계의 시장규모는 2004년 현재 4,800억 달러에 육박하고 있고 향후 상승세를 지속해 2009년에는 5,700억 달러를 뛰어넘는 규모로 성장할 것이라 예상된다. 물동량의 총규모는 2004년 65억 ton을 기록했으며 견조(堅調)한 성장세를 보이며 2009년에는 약 74억 ton까지 확대될 것으로 보인다. 아시아 지역의 물동량이 전체 물동량의 37.6%를 차지하고 있는데, 이는 최근 경제 성장세를 이어가고 있는 중국과 인도의 영향으로 설명할 수 있다.

해운업계는 전 세계 글로벌 기업들이 전 지구적 경쟁 환경과 빠르게 변화하는 선박 수요의 변동 속에서 원가절감의 압력을 견디며 새로운 시장을 개척하고 수익을 올리고자 치열한 경쟁을 벌이고 있는 중이다. 업계에 따르면 해운업은 매출액 대비 부가가치율이 다른 산업에 비해 2배 이상 높은 고부가가치산업으로 한국의 경우 해운업계가 벌어들이는 외화는 연간 260억 달러에 달한다. 또한 해운업은 조선, 항만, 금융, 보험 등 전후방 연관 산업에 파급되는 효과가 방대한 국가 기간산업으로서, 특히 상품을 수출하고 곡물과 원유와 같은 원자재를 수입하는 한국의 경제구조에서 해운업은 생명선이나 다름없다. 최근 몇 년간 아시아・태평양 지역 경제의 성장이 해운시장의 활황을 가져왔고, 특히 중국이라는 거대한 시장의 산업 발전 속도가

해운업 발전 속도를 빠르게 하였다.

해운시장에 큰 영향을 줄 수 있는 요인에는 경기변동, 고유가로 인한 화주의 부담 증가, 세계 선박의 수와 물동량으로 대변되는 수요와 공급의 균형문제, 인수합병을 통한 독립선사의 대형화 추세 등이 있다. 한국의 경우는 중국의 항만 개발 가속화에 따른 국내 항만과 선사의 입지 축소와 중국 국영 해운기업의 대형화에 따른 저가 공세에 맞서 서비스 품질을 향상시켜야 하는 요구에 직면해 있다. 반면에 현재 신사업 모델로 이슈가 되고 있는 제3자 물류의 경우 마진율이 8~10%에 달할 것으로 전망되어 업계의 새로운 희망으로 떠오르고 있다.

해운업계의 핵심 이슈 중의 하나는 고객사에 대한 해상물류업무의 E-비즈니스화와 고객사를 대상으로 한 E-서비스의 개발 및 운영이다. 이 두 IT 서비스는 해운산업에 있어서 경쟁력의 중심 축 역할을 담당하며 앞으로도 RFID(Radio-Frequency Identification)[5]와 같은 새로운 정보통신기술을 활용해 점진적으로 진보할 것으로 예상된다. 해운업계의 고객사들은 글로벌 소싱과 글로벌 시장으로의 사업 확장을 위해 공급사슬관리(Supply Chain Management; SCM)를 강화하고 해운기업에게도 인터넷을 통한 자사 물건의 정확한 가시성(Visibility) 정보를 요구하고 있다.

이러한 고객의 요구를 만족시키기 위해서는 과거에 전화, 팩스, 직접 방문을 통해 이루어졌던 선적 서비스(선사 스케줄 조회, 운임 문의, 예약 및 확인, 선적 서류 제출, 선하증권[6] 발급, 도착 통지, 화물 위치 추적, 사후정산 등)를 인터넷이나 EDI(Electronic Data Interchange)[7] 시스템을 통해 시공간의 제약 없이 간편하고 신속하게 이용할 수 있도록 하는 E-서비스를 제공해야 한

5) 전파를 이용해 먼 거리에서 정보를 인식하는 기술을 말한다.

6) 선하증권(Bill of Landing; B/L)이란 화주와 선박회사 간의 해상운송계약에 의해 선박회사가 발행하는 유가증권을 말한다. 즉 선박회사가 화주로부터 위탁받은 화물을 선적 또는 선적을 목적으로 수탁한 사실과 화물을 양륙항까지 운송하여 이 증권의 소지자에게 증권과 상환으로 운송화물을 인도할 것을 약속하는 화물의 수취증권이다.

7) 다른 기업 간에 수주, 발주, 수송, 결제 등 상업 거래를 위한 자료를 데이터 통신 회선을 통해 표준화된 포맷과 규약에 따라 컴퓨터 간에 온라인으로 전달하는 것을 말한다.

다. 다시 말해, 해운산업에서 고객의 요구가 점점 다양해지고 차별적 서비스 제공이 어려워지면서 정보통신을 활용한 IT 서비스인 E-SCM 서비스가 해운사업의 효율성과 경쟁력 강화를 위해 필수적인 역할을 담당하게 되었다. 궁극적으로 IT는 해운업계의 공급사슬 사이에 중단이 없도록 하며 공급사슬 내의 비효율성을 제거하기 때문에 이를 활용할 경우 고객 서비스 수준을 높일 수 있고, 이는 공급사슬 전체의 경쟁력 강화로 이어지게 된다.

2) 해운산업의 선두업체들

(1) A. P. Moller-Maersk Group

전 세계에서 가장 큰 규모를 자랑하는 A. P. Moller-Maersk Group은 덴마크 코펜하겐에 본사를 두고 있고, 130개국에 지사를 두고 전 세계를 대상으로 화물 운송을 하고 있다. 세계 제일의 컨테이너 해운회사 중 하나인 Maersk Sealand를 보유한 A. P. Moller-Maersk Group의 직원 수는 약 11만 명에 달하며, 배와 컨테이너 제작능력을 보유하고 있는 것으로 알려져 있다. 덴마크 내 국내선의 이름은 Maersk Air이다. 2007년 『포춘』지 선정 글로벌 500대 기업 중 138위를 기록했다.

(2) Nippon Yusen Kabushiki Kaisha

Nippon Yusen Kabushiki Kaisha(이하 NYK Line)는 일본 도쿄에 본부를 두고 있고, 북미와 아시아, 유럽에 지사를 두고 있다. 740개 이상의 수송선을 보유하고 있는데 대부분이 벌크선이며, 전체 수송선의 수송능력은 약 48 DWT(재화 중량 톤수)를 기록하고 있다. 해운업과 연계하여 세관 서비스, 공급사슬관리, 창고 서비스 등을 제공하고 있으며, 해상 터미널 사업과 함께 NYK Cruises를 운영하고 있다. 2004년 3월에 마감된 재무제표에서 2003년에 비해 11.9% 증가한 약 130억 달러의 영업이익을 기록하였다.

(3) Mitsui O.S.K. Lines, Ltd.

Mitsui O.S.K. Lines, Ltd.(이하 MOL)는 거의 600개에 달하는 수송선을 운영하는 세계에서 가장 큰 해상운송업체 중 하나이다. 이 회사의 수송선은 컨테이너선과 벌크선, 자동차운반선, 유조선과 LNG선으로 구성되어 있다. MOL은 크루즈와 예인선 및 국내용 페리도 서비스하고 있고, 창고제공 및 화물운송 서비스와 함께 해상 터미널 운영도 병행하고 있으며, 금융 및 보험과 부동산사업에 투자하고 있다. MOL은 2004년 3월에 마감된 재무제표에서 약 94억 4,000만 달러의 매출액을 기록하였다.

(4) Kawasaki Kisen Kaisha, Ltd.

Kawasaki Kisen Kaisha, Ltd.(이하 K-Line)는 일본의 도쿄에 본사를 둔 수출용 화물수송업체로 일본에서 가장 큰 규모를 자랑한다. 2004년 3월 회계연도 마감에 68억 6,000만 달러의 매출을 기록하였다. K-Line은 창고업과 수송선 유지 서비스도 병행하고 있으며 육상・해상・항공의 모든 수송 서비스를 포괄적으로 제공한다.

(5) China Ocean Shipping (Group) Company

China Ocean Shipping (Group) Company(이하 COSCO)는 중국 정부가 소유한 세계에서 가장 큰 선박회사 가운데 하나로, 130개가 넘는 수송선을 보유하고 있으며, 총수송능력은 32만 TEU이며, 전 세계 100개의 항구를 방문한다. COSCO는 2007년 12월 현재 전 세계에서 컨테이너 선박 수에서는 6위, 총수송량에서는 9위를 기록하고 있다. 중국 경제의 성장과 아시아・태평양 지역의 물동량 증가로 저렴한 수송비용을 경쟁무기로 급속한 성장을 지속해 글로벌 선두기업의 위치에 올라 있다. 계속되는 인수합병으로 향후에도 큰 성장이 기대되는 기업이다.

3) 해운산업의 경쟁구도

전 세계 해운시장에서 선두를 차지하고 있는 A. P. Moller-Maersk Group을 비롯하여 NYK Line, MOL, K-Line, 한진해운 등 선두 다섯 업체가 산업 총가치분의 10%를 차지하고 있다.

해운산업은 경기의 변동에 민감하게 반응하는데, 현재까지는 중국의 경제성장에 기댄 아시아・태평양 지역의 경제 확장에 큰 도움을 받고 있다. 기존에는 미국과 유럽 간의 교역이 해운산업의 성장세를 견인했다면 현재는 중국이 중심적인 역할을 담당하고 있다. 단적인 예로 중국은 2004년에 컨테이너선을 통한 해상 상품수출이 20% 증가하였다.

해운시장에서 기업들은 경쟁전략으로 저원가전략과 차별화전략을 적절히 혼용하고 있다. 저원가전략은 앞에서 언급한 바와 같이 최근 괄목할 만한 성장세를 보이고 있는 COSCO에 의해 주도적으로 사용되는데, COSCO는 대형 선박 위주의 운영을 통해 고객사가 부담하는 운송비용을 최대한 줄이는 전략으로 시장점유율을 늘려가고 있다. 비단 COSCO뿐만 아니라 인수합병으로 덩치를 키운 선사들이 저가운임 공세를 펼칠 가능성이 매우 높다. 이처럼 인수합병과 전략적 제휴, 대형 선박 구입으로 이어지는 저원가경쟁은 시장의 판도를 바꿀 수 있을 정도로 중요한 사안이 되었다.

반면에 해운기업들은 저원가경쟁을 피해 IT 기술을 활용한 차별적인 고객 서비스를 제시하여 고객사를 자사 고객으로 고착화시키기 위해 차별화하는 전략도 채택하고 있다. 차별화전략을 채택한 대표적인 기업으로 한진해운이 꼽히는데, 한진해운은 IT 투자를 통해 대고객 맞춤 서비스를 제공함으로써 고품질 서비스를 창조하고 고객제공가치를 높이고 있다. 이런 IT 기술의 활용은 E-서비스로 대변되는데, E-서비스 포털 구축 및 지속적인 신규 서비스 개발을 통해 모바일, 유비쿼터스, RFID 등 새로운 기술환경에 적응함으로써 운영 및 관리의 효율성을 달성해 고객사로부터의 신뢰 수준을 높여가고 있다.

종합하면, 향후 해운산업의 경쟁구도는 저원가 운임의 계속적인 추구 속에서 고객사의 사업환경 변화에 빠르게 대응하여 혁신적인 해운 물류 서비스를 제공할 수 있는 기업이 시장의 강자로 등장하게 될 전망이다.

4) 해운산업의 환경 변화

해운산업은 2010년까지는 지금과 같은 수준에서 성장하며 호황을 유지할 것이라고 전문가들은 내다보고 있다. 해운업과 밀접한 연관이 있는 조선업에서도 2010년까지 평균적인 성장세를 예견하고 있고, 좀 더 긍정적인 의견으로는 2020년까지 호황이 지속될 것으로 보기도 한다.

인도, 중국, 동남아시아 등 성장 잠재력이 큰 국가의 성장세가 계속되고 있음을 감안하면 세계적으로 국가 간 교역량은 줄어들지 않을 것이다. 이를 반증하듯 벌크선 가격이 사상 초유의 기록을 경신하고 있다.

미래의 해운 환경은 어떻게 변할 것인가? 해운시장의 변화, 고객사(화주)의 수요 변화, 선박의 기능과 선사의 역할 변화 등을 통해서 예상해볼 수 있다. 새로 다가올 미래의 환경적 변화와 그로 인해 파생되는 해운시장의 새로운 조류는 다음의 세 가지로 요약된다.

첫째, 해운시장은 과거의 미국과 유럽이 쌍두마차로 물동량의 대부분을 이끌던 것에서 앞으로는 브라질, 러시아, 인도, 중국을 중심으로 발전할 것이다. 이는 다시 말하면 동북아 주도의 교역량 증대와 해운시장 성장을 기대하게 한다.

둘째, 최근 화두인 글로벌 아웃소싱과 글로벌 시장 진출로 인해서 공급사슬관리가 중요해지며 모든 기업이 공급사슬관리를 도입하게 됨에 따라서 해운시장에서도 비단 해상운송만이 아닌 항공, 도로, 철도 등의 통합운송이 필요하게 되었다. 여기에 더해서 포장, 보관, 하역, 통관, 수송 등 모든 물류의 영역이 종합적으로 연계되고 관리될 수 있도록 종합적인 물류 전문 서비스 기업에 대한 고객사의 요구가 증대할 것이다. 이는 다시 말하면 새로운 사업의 기회를 뜻한다.

셋째, 물류에 대한 고객사의 니즈가 다변화됨에 따라 선박의 기능에도 변화가 있을 것으로 예측되며, 해운기업의 사업적 역할도 단순 해상운송업자에서 총괄적인 수송관리자로 발전할 것이다. 즉 기존의 해운기업은 고객사의 물류 수요를 통합시켜 물류에 대한 고민을 없애주는 컨설팅 기업과 같은 역할을 하며 지식 주도 사업으로 진보해나갈 것으로 예상된다.

3 한진해운

한진해운(Hanjin Shipping Co. Ltd.)은 컨테이너선, 벌크선, LNG선 등 총 200여 척 1,000여 만 톤(DWT)의 선박을 보유한 한국의 대표적인 해상운송회사로 전 세계 60여 개의 정기 항로와 부정기 항로를 운영하며 연간 1억 톤 이상의 화물을 수송하고 있다. 2008년 현재 자산 6조 원, 매출액 6조 원 규모로 전 세계 해운업체 중 5위이며 국내에서는 선두를 유지하고 있다. 현재 국내 선사로는 유일하게 롱비치, 시애틀, 도쿄, 오사카, 오클랜드, 카오슝, 앤트워프 등지에 해외 전용 터미널을 확보하고 있으며 국내에 4개의 전용 터미널을 운영하고 있다. 또한 상하이, 칭다오, 포트켈랑 등 6개 내륙 물류기지를 운영하는 등 세계적인 물류 네트워크를 구축하고 있으며, 2009년에는 총 20만 평 규모의 부산 신항 2-1단계 터미널을 전용 컨테이너 터미널로 신규 개장할 예정이다.

한진해운은 한진그룹에 속해 있으며, 자회사로 거양해운과 독일의 DSR-Senato, 그리고 계열사인 물류 IT 전문업체인 Cyber Logitec, 선박관리 전문회사인 한진에스엠과 컨테이너 터미널 운영 회사인 한진퍼시픽 등을 소유하고 있다.

1) 역사

한진그룹은 1977년 5월 한진해운을 창립하고 750 TEU급 컨테이너선 1척을 발주함으로써 해운선사로서의 첫발을 내딛으며, 당시 한국 건설업체들이 대거 진출하던 중동에 항로를 개설하고 1978년에 첫 취항을 하였다.

한진해운은 1979년 북미 서안 항로를 개설하고 1,150 TEU급 한진 서울호를 취항시킨 것을 시작으로 미주 항로를 중심으로 항로를 증설해나가기 시작했다. 1986년에는 북미 동안 항로에 2,700 TEU급 선박 8척을 투입했으며, 국내 선사뿐 아니라 해외 경쟁 선사들과도 공동항로를 운항하는 등 규모를 꾸준히 확장해나갔다. 시애틀에 전용 터미널을 개장함으로써 한국 선사로는 최초로 해외 전용 터미널 시대를 열었다. 1989년 대한상선을 인수하면서 기업의 영문 이름을 Hanjin Shipping Co. Ltd.로 정하고, 글로벌 경쟁에 뛰어들 준비를 마쳤다.

한진해운은 1994년 창립자 조중훈의 3남인 조수호[8)]의 회장 취임을 계기로 본격적인 도약을 시작했다고 볼 수 있다. 한진해운은 회사가 설립된 이후 1994년 처음으로 557억 원의 흑자를 실현하게 된다. 도쿄에 터미널을 열고 부산과 중국 4개 도시를 연결하는 항로를 개설했으며, 이듬해에는 대서양 서비스(ANE)와 지중해 서비스(ASE)를 개시하는 한편, 상하이에 현지 법인을 설립하고 시카고 철도 전용 터미널을 개장하는 등 해외 진출을 본격화하였다. 이어서 1996년에는 중국-북미 직항로와 중국-유럽 직항로, 태국-일본 직항로를 개설함으로써 글로벌 해운업체로서의 면모를 과시하기 시작하였다.

1997년에는 당시 독일 제2의 컨테이너선사였던 DSR-Senator를 인수합병하였다. 한진해운은 대서양과 지중해 항로 및 남북 항로에 대한 서비스가 태평양 항로와 유럽 항로에 비해 취약했으나 DSR-Senator를 인수함으로써 손쉽게 신규 항로 서비스를 실시할 수 있게 되었다. 이어 함부르크, 오클랜드, 롱비치, 시애틀 등지에 터미널을 추가로 확보했고, 2000년에는 정보통

---

8) 조수호는 1979년에 남가주대(University of Southern California) 경영학과를 졸업하고 한진그룹의 주요 계열사였던 대한항공에서 근무하다가 1985년 한진해운에 상무로 입사하여 1994년에 대표직을 맡게 된다. 당시 한진그룹의 주요 계열사는 대한항공과 한진중공업, 메리츠 금융그룹, 그리고 한진해운이었다. 조수호와 그의 형제 3명은 이 주요 계열사들은 각각 맡아 경영에 참여했고, 이 가운데 조수호의 몫이 바로 한진해운이었다.

신부서를 'Cyber Logitech'이라는 이름으로 분사시켰다.

2001년에는 정기선 시장의 변화에 적극 대응하여 경쟁력을 더욱 높이기 위해 중국의 COSCO, 대만의 Yangming, 일본의 K-Line 등 세계 유수 선사와 함께 세계 최대 규모의 전략적 제휴인 'CKYHS그룹' 결성을 추진해 세계 해운산업의 리더로 자리매김하였다. 또한 중국-유럽 서비스 노선(CNE)을 추가로 개설하고, 미국 동안 항로 강화 및 아시아-남미 서비스 외에도 중국 COSCO, 대만 Yangming Line 등과 공동으로 각각 남중국・북미 서안 직항 노선, 아시아 지중해 서비스를 개시하기도 했다.

선박의 대형화와 추가 투입에도 힘써 컨테이너선을 2003년에는 5,500 TEU급 4척, 2004년에는 6,500 TEU급 1척, 2005년에는 8,000 TEU급 2척과 4,300 TEU급 4척을 추가하는 등 선단 확대에 지속적인 노력을 기울였다.

2000년대 이후에는 해외 현지법인을 설립하는 데도 적극적으로 나서 미국에 내륙화물 판매법인을, 베트남에는 현지법인을, 이탈리아 제노아에 합작법인을 설립했고 호주, 스리랑카, 인도, 태국 등에 단독법인을 신설하였다. 2006년 현재 한진해운의 해외 법인 및 사무소는 53개국 200여 개소에 이른다.

2) 주요 상품과 서비스

한진해운은 현재 컨테이너 사업부, 벌크 사업부, 터미널 사업부 등 3개의 사업부로 나뉘어 컨테이너 운송 서비스, 항만 및 터미널 서비스, 물류 서비스, 선박 임대 서비스, 냉동화물 서비스, LNG 및 유류 수송 서비스, 벌크 서비스 등을 제공하고 있으며, 최근에는 제3자 물류와 수리조선업에도 진출하였다. 주요 서비스 분야는 다음과 같다.

(1) 컨테이너 운송

매출의 80% 이상을 차지할 만큼 한진해운에서 큰 비중을 지니고 있는 컨테이너 운송은 2006년 현재 35여 개국 90여 개 항구를 기항하며 6,000여

목적지에 운송 서비스를 제공하고 있다. 창립 당시 750 TEU급 1척으로 출발한 한진해운은 현재 86척의 지배선단으로 연간 약 330만 TEU의 컨테이너 화물을 운송하고 있다. 세계 최대 항로인 북미 항로 등 주요 항로에 주간 정기운항 서비스를 제공하고 있으며, 한진해운의 주력 선대는 8,000 TEU급 선박을 포함한 5,000 TEU급 이상의 대형 선박들로, 지구촌 어느 곳이든 서비스가 가능한 글로벌 서비스를 구축하고 있다.

(2) 벌크 운송

한진해운은 드라이 벌크선뿐만 아니라 LNG선, 원유운송선, 원유・화학제품선, LPG선 등 다양한 선대를 구성하여 운영하고 있다. 벌크선 사업부는 서울 본사에 벌크기획팀, 전용선팀, 탱커(Tanker)팀, 케이프(Cape)팀, 파나막스(Panamax)팀, 핸디막스(Handymax)팀, 핸디(Handy)팀 등 7개 팀으로 구성되어 있으며, 전 세계 고객들에게 실시간으로 서비스를 제공하기 위해 뉴욕과 싱가포르에 지역본부를 두고 있다. 벌크 운송은 컨테이너 서비스보다 높은 부가가치를 지니는 사업으로서, 안정적인 성장 기반을 마련하기 위해 선대 개편과 확충을 통해 벌크 사업의 비중 확대를 위해 애쓰고 있다. 또한 유럽 벌크 시장에서의 경쟁력 강화를 위해 2004년 영국의 파트너인 Wigham-Richardson Shipbrokers와 합작 회사인 Hanjin Eurobulk Ltd.를 설립하고 런던, 함부르크, 뉴욕, 싱가포르 및 멜버른에 주재원을 상주시키고 있으며, 세계 각지 40개 지점의 네트워크를 통해 서비스를 제공하고 있다.

(3) 터미널 운영

컨테이너 운송이 매출의 대부분을 차지하는 한진해운에게 터미널 운영 사업은 안정적인 사업 기반의 확보라는 측면에서 중요한 의미를 갖는다. 컨테이너 선사가 전용 터미널을 확보하고 있는 경우, 컨테이너 이동 과정을 확인하기가 용이해 작업 현황을 실시간으로 확인할 수 있는 인터넷 서비스를 화주에게 제공하는 것이 가능하다. 또한 자사 선박의 신속한 입출

입을 보장받고, 조수간만의 차에 영향을 받지 않는 외항에 위치하여 24시간 접안이 가능하여 선박과 컨테이너를 보다 효율적으로 이용할 수 있으며, 고객 서비스 수준을 크게 향상시킬 수 있어 시너지 효과를 기대할 수 있다. 선박보다 투자 위험이 적고 지분 투자를 할 수 있다는 것도 터미널 사업의 또 다른 매력이다.

한진해운은 세계 주요 항만과 내륙지역에 11개의 전용 터미널과 6개의 물류기지를 운영하고 있다. 전용 터미널은 국내 4곳을 비롯하여 미주 서안에 3곳, 일본에 2곳, 그리고 벨기에와 대만에 위치하고 있다. 이 외에도 2008년에는 로테르담, 2009년에는 부산과 베트남에 전용 터미널을 개장하는 등 2011년까지 5개 터미널을 추가로 확보할 예정이다.

해운산업은 핵심적인 글로벌 산업 중 하나이지만 그 역사가 오래되어 국가별로 서류 양식과 업무 프로세스가 각기 달리 발달해왔다. 또한 화물의 흐름에 다양한 규모의 기업들이 참가함으로써 정보의 공유가 쉽지 않은 측면도 있다. 이러한 특징은 해운산업의 표준화를 저해하여, 업무의 표준화를 바탕으로 하는 정보기술의 도입을 어렵게 하는 요소로 작용하고 있다. 따라서 해운업계에서는 세계 유수의 기업들조차 정보기술 인프라의 수준이 다른 산업에 비해 낮은 편이라 할 수 있다. 현재 대부분의 해운사가 지역별로 각기 다른 시스템을 운영하면서 주문정보나 결제정보 등의 필요한 데이터만 본사로 취합하는 방식을 취하고 있다. 이로 인해 업무의 중복이 발생하고 주문정보를 즉각적으로 파악하지 못하는 데 따른 운항 스케줄 작성 오류의 발생 위험이 큰 형편이다. 이러한 이유 때문에 해운산업은 다른 어떤 산업보다 IT를 활용한 비용절감의 기회가 더 크게 주어지는 산업이다. 가격경쟁이 점차 가속화될수록 해운업에 있어서 IT 시스템의 우수성은 기업경쟁력을 좌우하는 중요한 요소로 자리매김하고 있다.

일찍부터 해운산업에 있어서의 정보기술의 중요성을 인식하고 있던 조수호 사장은 취임한 해인 1994년에 사내에 PC를 처음으로 도입하면서 시스템 통합의 첫발을 내디뎠고, 1994년부터 1998년까지 당시로서는 엄청난 규모인 600억 원을 투입하여 IT 인프라의 기반을 닦았다.

(4) 초기 IT 시스템의 새 이름, NIS

'NIS'라고 불리는 IT 시스템은 1998년에 1단계 완성을 마친다. Oracle과 관련 분야 학자들의 도움을 받아 실시된 이 프로젝트는 당시 유행하던 BPR(Business Process Redesign)과 병행하여 진행되었다. 이 프로젝트를 통해 한진해운은 24개국 80개 지사의 업무 시스템을 통합하고 한국과 독일, 미국의 전산센터를 T1, E1 라인의 네트워크로 연결, 표준화하여 업무를 처리하고 데이터 정보를 공유하도록 했다.

해운업의 경우 나라별로 제도나 방식이 다른 점이 많고, 워낙 많은 지사가 있다 보니 IT 인프라 환경도 달라 대부분 회사들이 방식이 비슷하고 지리적으로 유사한 지역끼리 엮어서 별도 시스템을 운영하고 있었다. 주문, 결산 등 기본적인 정보에 대해서만 한국의 주 전산센터로 전송해주는 방식이었다. 그러나 NIS를 도입한 이후 미국, 독일, 한국에 위치한 3개의 전산센터에서 똑같은 프로그램을 운영하고, 주기적으로 정보를 업데이트함으로써 각국의 정보를 취합하여 확인할 수 있다. NIS는 현재 데이터 웨어하우스와 통합 선박관리 시스템, 그리고 홈페이지와 연계되어 기본정보를 제공하는 등 한진해운 전체 IT 시스템의 인프라 역할을 하고 있다. NIS가 가진 경쟁력은 고객지원 서비스 강화를 위한 대규모 전송회선(Back-Bone) 역할에 있다. NIS상의 정보를 한진해운의 웹사이트나 EDI를 통해 고객이 보기 쉽도록 가공할 수 있는 기본적인 리소스를 마련할 수 있었던 것이다.

시스템 도입 초기에는 직원들의 저항으로 사용률이 크게 높지 않았고 시스템 운영자도 이 시스템이 가진 잠재력을 제대로 파악하지 못하고 있었다. 더군다나 프로젝트의 후반부였던 1997년에 아시아를 강타한 외환위기는 한진해운을 위기에 몰아넣기도 했다.

(5) IT팀 Cyber Logitec의 분사

2000년 들어 NIS가 안정화되자 한진해운은 자사의 IT 조직을 아예 Cyber Logitec이라는 이름으로 분사시켜 해운물류 전문 IT 기업으로 확장하려고 시도했다. 또한 Cyber Logitec의 사장으로 권의식 CIO를 임명하여 겸직하게 함으로써 한진해운의 IT 시스템의 설계와 관리의 연속성을 해치지 않도록 했다.

외환위기가 지나가자 그간 구축했던 IT 인프라가 강력한 힘을 발휘하기 시작했다. 외환위기 동안 줄어들었던 물동량이 급격히 증가한 2000년대 초반, 경쟁사들이 늘어난 물동량을 감당하기 위해 인력과 조직을 확대해야 했던 반면에 한진해운은 시대를 앞서갔던 IT 시스템 덕분에 추가적인 비용을 들이지 않고도 매출을 확대할 수 있었다. 더군다나 정보기술 수준이 급격히 높아진 고객사들이 해운기업에 자사의 화물에 대한 보다 상세한 정보를 EDI를 통해 제공해줄 것을 요구하는 경우가 많아졌는데, 대부분 수기 방식으로 업무를 처리하던 경쟁사들과 달리 한진해운은 보다 손쉽게 고객의 이러한 요구에 응할 수 있었다. 보통 고객사와 EDI 시스템을 구축하는 데에는 빠르면 1개월에서 길게는 6개월 이상 소요되는데, 이렇게 EDI를 통해 고객사를 묶게 되면 장기적인 관계를 기대할 수 있다는 점에서 안정적인 수익 기반을 마련하게 된다. 이에 힘입어 외환위기 전 국내 2~3위권에 머물던 한진해운은 외환위기 이후 국내 1위, 세계 5위로 눈부신 도약을 이루게 되었다.

4 E-SCM 시대의 고객 서비스 강화

2000년대 들어 IT가 발달하고 인터넷이 급속하게 확산됨에 따라 주요 고객사들의 시스템 통합 수준이 향상되고, 기업들의 데이터 관리가 기업 내 자원관리에 한정되던 ERP 시대를 넘어 E-SCM의 국면으로 접어들면서 고객들이 해운사에 요구하는 정보의 양 역시 급격히 증가하였다. 해운업체들의 주요 고객인 글로벌 제조업체들은 재고관리와 물류의 효율화를 위해 E-SCM을 활발하게 도입하면서 물류 파트너들에게도 정확한 가시성 정보의 제공을 강력하게 요구하게 되었다. 과거 해운사들은 고객의 화물이 터미널에 도착하고 떠나는 것을 정해진 시간에 EDI로 송출하는 정도였으나 화물의 도착예정시간, 위치추적 같은 정보를 실시간으로 제공해줄 것을 요구하기 시작한 것이다.

중국의 눈부신 경제성장에 힘입어 COSCO 같은 중국계 선사들이 위협적으로 시장점유율을 높여가는 상황에서, 업무의 효율화를 통한 원가절감뿐만 아니라 고객 서비스 강화라는 측면에서도 IT 경쟁력 확보에 사력을 다하지 않을 수 없다. 특히 수익률이 3~4%에 지나지 않는 일반 컨테이너 시장에서 가격 경쟁력을 앞세운 중국 업체와 경쟁하는 것은 무모하기도 하거니와 승리한다고 해도 크게 얻을 것이 없다.

정은조 IT기획팀 상무는 "고객과의 안정적인 관계 구축을 통해 냉장운송이나 3PL 같은 고부가가치 서비스에 주력하는 것이 한진해운과 같은 중견선사들에게는 보다 바람직한 전략이라 할 수 있다. 고객들의 화물을 정시에, 안전하게, 경제적으로 운송하는 차원을 뛰어넘어 전 세계의 고객들이 우리를 신뢰할 수 있는 종합물류기업으로 자리매김을 해야 한다. 이를 위해서는 고객 서비스 강화가 가장 우선적인 과제인데, 고객사들의 E-SCM 도입이 확산되면서 해운사로서는 IT 시스템이 뒷받침되어야 고객이 원하는 물류 정보를 제공할 수 있으니 시스템에 대한 투자가 상당히 중요하다."라고 말한다. 고객이 화물에 대해 요구하는 정보의 양이 증가하게 되자, 한진해운은 고객의 물류 파트너로서의 신뢰를 구축하고 안정적인 관계를 설정하기 위해 대고객 제공 정보 지원을 강화하기 위해 몇 가지 프로젝트를 진행하게 된다.

1) IT 시스템을 통한 고객과의 관계 구축

고객이 필요로 하는 화물 정보의 70% 이상을 터미널 운영업체나 공동운항하는 다른 해운사, 내륙 운송업체와 같은 협력업체에 의지할 수밖에 없는 해운산업의 특성상 정보 제공 수준을 향상시키기 위해서는 이들과의

〈그림 I-2〉 한진해운의 협업화 이전 업무 흐름도

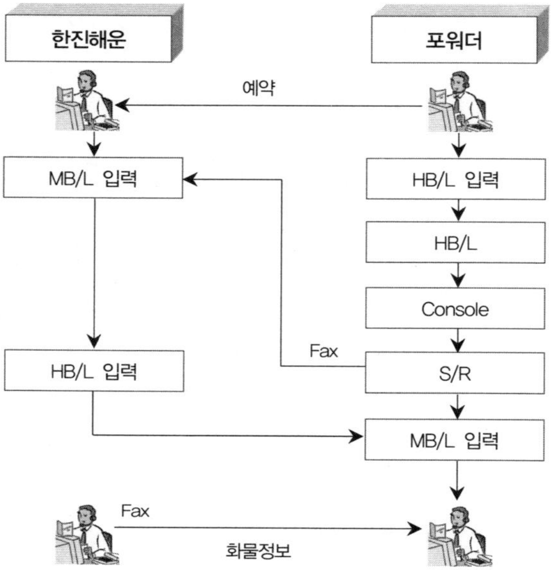

출처: 한진해운 내부자료.

〈그림 I-3〉 한진해운의 협업화 이후 업무 흐름도

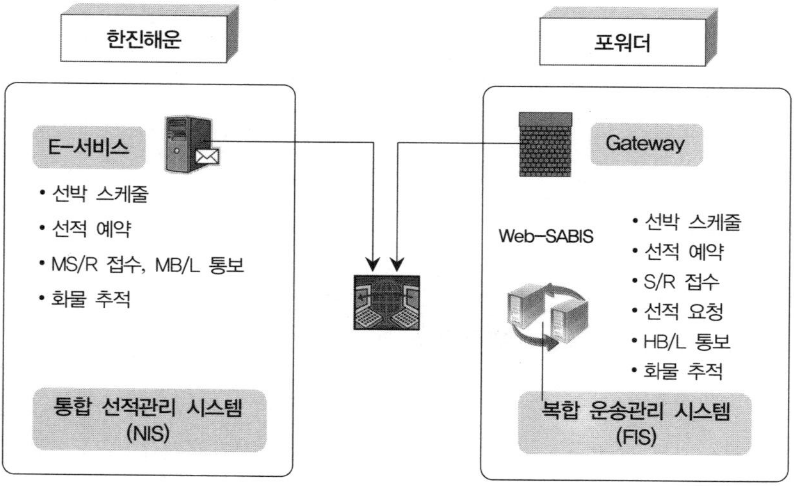

출처: 한진해운 내부자료.

협업적 IT 시스템 구축이 필수적이었다. 특히 협력 포워더[9] 중 대다수는 영세한 규모로서 독자적인 IT 시스템을 갖고 있지 못했기 때문에 한진해운은 이들의 업무를 시스템화하여 한진해운의 시스템과 인터넷으로 연동시키는 작업을 진행하였다. 과거에 포워더들이 팩스로 전송해주는 정보를 한진해운이 자사 시스템에 입력하던 방식(〈그림 I-2〉)에서 벗어나 화물 관련 정보를 포워더의 시스템 내부에서 국제표준 EDI 형식으로 변환시켜 이를 한진해운의 관리 시스템으로 직접 전송함으로써 정보수집에 드는 비용과 시간을 절감하게 되었다(〈그림 I-3〉). 협력 포워더들의 업무를 시스템화하는 작업을 통해 서로 간의 업무 신뢰도를 향상시키고 협력업체들의 경쟁력을 강화하는 윈-윈 효과도 얻을 수 있다.

2) 앞서가는 해운 포털 시스템, GT-Nexus

한진해운은 2001년 DSR-Senator, APL, CPShips, HMM, K-Line, MOL, Yangming 등 글로벌 해운기업 13개사 및 화주, 화물운송업자 등과 공동으로 해운 포털사이트인 GT-Nexus를 오픈하였다. GT-Nexus는 일반적인 정보 사이트나 해운사가 개별적으로 운영하는 사이트와는 달리 화주가 수송지역, 수송시간 등 원하는 조건을 입력하면 여러 해운사들의 서비스 가운데 가장 적합한 스케줄을 자유롭게 선택할 수 있고, 이어서 운임협상과 예약이 이루어지며 선하증권(B/L) 발급, 화물 추적 등 모든 과정이 온라인상으로 가능하다.

GT-Nexus와 같은 E-마켓플레이스에 대한 참여는 해운산업에 국제적 업무 표준화의 기반을 조성한다는 측면에서 의의가 있다. 한진해운은 여기에 지분 투자 및 공동 운영을 통해 적극적으로 참여함으로써 해운산업의 표준화의 근간을 마련하고, 다른 선사들의 물류 정보를 활용하여 서비스 범위

9) 계약 및 대금결재를 제외하고 포장에서부터 운송, 보험 및 각종 증명서 발급 등의 업무를 지원하는 복합운송업체를 말한다.

〈그림 I-4〉 GT-Nexus에 참여한 선사 현황

출처: 한진해운 내부자료.

를 확대하고 신규 비즈니스의 기회를 모색하고자 했다.

3) E-서비스 시스템

2002년 한진해운은 고객에 대한 지원을 강화하기 위해 NIS를 바탕으로 온라인 고객 서비스 시스템인 E-서비스를 구현하였다. E-서비스는 인터넷을 통해 고객이 한진해운의 웹사이트에 접속해서 직접 선적업무를 처리할 수 있는 시스템으로, 한진의 NIS와 실시간으로 연결되어 있어 최신 정보를 신속하게 제공한다. EDI를 통해 자사 시스템으로 정보를 직접 송출해주는 것을 선호하는 대기업 화주들보다는 독립된 E-SCM 시스템을 운영하고 있지 못한 소형 화주를 주요 대상으로 하는 서비스이다. 시스템적으로 시간차가 날 수밖에 없는 EDI와 달리 실시간 정보를 제공할 수 있는 것이 특징이다.

〈표 I-1〉 경쟁사와 비교한 한진해운의 E-서비스 종류

서비스		한진	A사	B사	C사	한진(신규)의 특징
Schedule	Door to Door 스케줄	○	○	○	○	T/S 및 내륙운송 스케줄 포함
	Vessel별 스케줄 조회	○	×	○	×	선박별 최근 스케줄 정보 제공
	Port별 스케줄	○	×	×	×	Port 기준으로 일괄 조회 가능
	Long Range 스케줄	○	×	○	×	스케줄 내용을 다운로드 가능
Rate	운임 견적 요청, 확인	○	○	○	○	
Booking	예약 신청, 확인	○	○	○	○	Template 및 복사 기능 제공
Shipping Instruction	선적 요청서	○	○	○	○	Template 기능 제공
Bill of Landing (B/L)	B/L 확인	○	○	○	○	
	Original B/L 프린트	○	○	○	○	
Track and Trace	화물 위치추적	○	○	○	○	이메일을 이용한 트래킹 가능
Arrival Notice	도착 통지서	○	×	○	×	
Report	선적 리포트 작성	○	○	○	○	My Report 폼 사용 가능
Account Statement	운임 지불 현황	△	○	×	○	한국 지역에서만 사용 가능
Exchange Rate	환율 조회	○	×	○	○	
Free Time	터미널 free time 조회	○	○	○	×	태리프 정보 제공
My Page	고객별 특화 서비스	○	○	○	○	개별 고객정보를 요약, 정리
Mobile Service	PDA, 핸드폰 서비스	○	○	○	○	다양한 PDA 서비스 제공

출처 : 한진해운 내부자료.

4) EDI 서비스의 향상

고유의 IT 시스템을 운영하고 있는 대형 화주들은 한진해운의 웹사이트에 접속하여 정보를 얻기보다는 자사의 시스템에 데이터를 자동으로 입력할 수 있는 EDI를 선호한다. 그러나 EDI는 일정한 간격으로 해운사의 전산 시스템에서 송출되는 방식이기 때문에 실제 정보와 차이가 생긴다. 이를 개선하기 위해 한진해운은 원하는 고객사에 대해 EDI의 송출 간격을 줄임으로써 보다 실시간에 가까운 정보를 제공할 수 있도록 하고 있다. 또한 경쟁사보다 앞선 IT 역량을 확보하고 있어, EDI 서비스의 신규 구축에 걸리는 시간을 최소화하여 보다 빠른 서비스를 제공하고 있다. 현재 한진해운이 제공하고 있는 EDI 서비스는 예약 업무, 선적요청서 및 선하증권 발행, 도착 통지, 화물 추적, 선박 스케줄 통지, 세금계산서 및 거래명세서 발급 등으로 매년 시스템 개선을 통해 제공할 수 있는 정보의 내용을 추가해나가고 있다.

5 미래 전망

한진해운은 새로운 시스템을 구축하기 위한 준비단계로 2004년 10월 PI 팀을 발족시켰다. 한진해운은 내부 프로세스를 혁신하고, 고객이 원하는 정보를 적시에 정확하게 제공하기 위해서는 전사적인 업무 프로세스의 표준화, 자동화 및 효율화와 같은 혁신을 지속적으로 뒷받침할 동력을 확보하기 위해 프로세스 이노베이션(Process Innovation; PI) 프로젝트를 시작하였다. 새로 조직된 PI팀은 프로젝트 진행을 위한 마스터플랜을 수립하고 있다. 이 과정을 통해 선진 IT 역량과 차별화된 고객 서비스 역량을 확보할 수 있는 혁신적인 운영 모델을 확보하고 자원운영체제를 어떻게 최적화할 것인지에 대한 구체적인 해결방안을 모색해나갈 것이다. 또한 IT 신기술을 적용하고 통합, 표준화하여 향후 비즈니스의 상황 변화에 유연하게 대처할 수 있는 새로운 IT 인프라 구축에 대한 논의가 진행될 것이다.

제 II 장

GM DAEWOO의 글로벌 통합과 성장

2006년 5월 GM Daewoo Auto & Technology(이하 GM DAEWOO)는 5년 전 정리해고된 1,725명 가운데 복직을 희망하는 1,605명 전원이 복직되었음을 발표했다. GM DAEWOO의 전신인 대우자동차가 최종부도 처리된 후 자구책을 찾던 회사는 어쩔 수 없이 대규모 정리해고를 하면서 "사정이 좋아지면 다시 찾겠다."고 약속했다. 당시 이 약속을 믿는 사람들은 거의 없었지만, 5년여 만에 최종 복직이 완료된 후 어느 복직자의 부인이 회사로 보내온 감사의 편지는 약속을 지키기 위한 회사의 노력이 헛되지 않았음을 보여주었다.

2002년 GM이 대우자동차를 인수하면서 탄생한 GM DAEWOO는 출범 3년 만에 흑자를 기록하는 등 성공적인 통합 과정을 통해 매년 비약적인 성과 향상을 보여주었다. 2007년 GM DAEWOO의 성과를 출범 당시와 비교하면 직원 수는 2배인 1만 6,600명(정규직)에 이르며(〈그림 II-1〉), 연간 판매량은 4.5배인 188만 6,000대(CKD[1] 포함)에 달한다(〈그림 II-2〉).

〈그림 II-1〉 GM DAEWOO의 직원(정규직) 수 추이

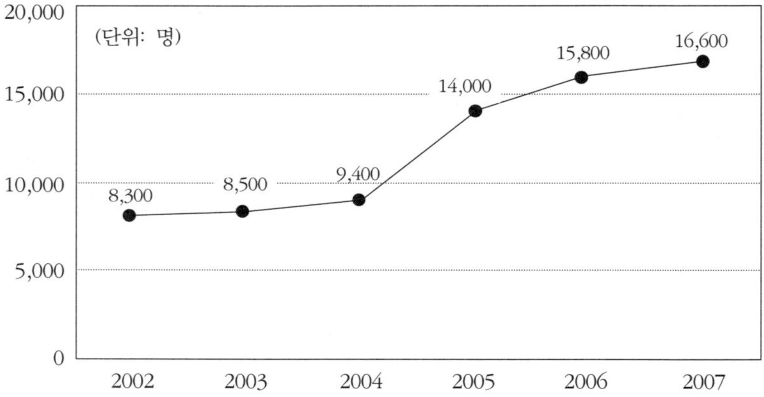

출처: GM DAEWOO 내부자료 재구성.

〈그림 II-2〉 GM DAEWOO의 연간 판매량 추이

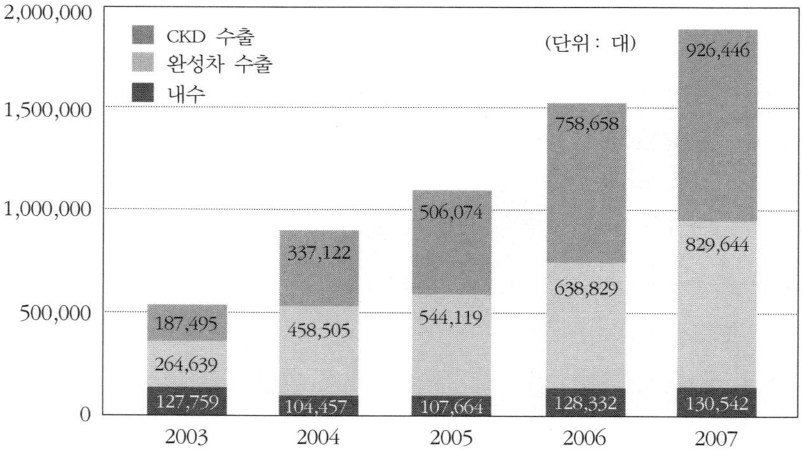

출처 : GM DAEWOO 내부자료 재구성.

---

1) Complete Knock-Down의 약자로 완성차가 아닌 부품을 수출하여 현지에서 조립 생산하는 방식을 말한다.

GM DAEWOO의 판매량은 GM 전 세계 완성차 판매량의 20%에 해당하며, 그룹 내에서 가장 빠른 성장세를 보이고 있는 브랜드인 Chevrolet의 소형차 및 경차 대부분을 개발, 생산함에 따라 GM 글로벌 네트워크 내에서도 상당한 입지를 구축하고 있다.

GM DAEWOO의 전신인 대우자동차는 한국 자동차산업의 태동기부터 자동차를 생산하기 시작해 부침을 겪어오다가 1990년대 말 갑작스럽게 불어 닥친 외환위기를 이겨내지 못하고 끝내 최종부도를 맞아 법정관리에 처해지고 말았다. 이후 오랜 매각협상 과정과 새로운 회사로의 재탄생, 정상화와 통합 과정 속에서 GM DAEWOO의 임직원들은 수많은 어려움을 이겨내며 오늘에 이르렀다.

1 한국의 자동차산업

1) 한국 자동차산업의 역사

한국에 최초로 등장한 자동차는 1903년 고종 황제의 의전용 어차로 사용하기 위해 미국에서 수입한 Ford의 '모델 A'로 알려져 있다. 한국에서 최초로 제작된 자동차는 6·25전쟁 직후인 1955년 국제차량공업사에서 생산한 '시발자동차'이다. 철판이 귀하던 당시 드럼통을 잘라 망치로 펴서 차체를 만들고 미군 지프차의 엔진과 변속기를 개조하여 생산한 '시발자동차'는 특히 엔진의 주요 부품들이 국산 기술로 개발된 것이라는 점에서 한국 자동차산업의 발전에 큰 기여를 했다고 평가된다.

이후 자동차의 인기가 높아지자 급증하는 휘발유 사용량을 줄이기 위해 정부가 자동차 보유대수 억제정책을 추진함에 따라 자동차산업의 발전이 잠시 정체기를 겪기도 했으나, 박정희 군사정권 시절 자동차공업 육성정책이 실시되면서 다시 활기를 띠게 되었다. 1962년 인천 부평에 최초의 근대

식 자동차 조립공장인 새나라자동차[2]가 설립되었고, 뒤이어 다른 업체들이 본격적으로 자동차 조립공장을 설립하면서 한국 자동차산업의 체계가 잡혔다.

1975년 현대자동차의 독자 개발 모델인 '포니'가 출시되어 한국을 세계 16번째 고유 모델 자동차 생산국가로 부상시켰으며, 이듬해 6대의 '포니'가 에콰도르에 수출되어 최초의 자동차 수출이 이루어졌다. 세계 최대의 자동차시장인 미국에 1986년 현대자동차가 소형차 '엑셀'로 진출하기 시작했다. 같은 해 대우자동차도 GM과의 합작으로 탄생한 월드카 '르망'을 수출하여 미국 시장에서 호평을 받았다.

1990년대 중반에 이르러 한국은 세계 5위의 자동차 생산대국으로 부상했으나 1998년 외환위기를 맞으면서 국내 자동차산업 전반에 걸쳐 대대적 개편이 이루어져 당시 업계 1위를 달리던 현대자동차만 살아남았고 대부분의 자동차회사가 타 기업에 인수되었다. 이 가운데 기아자동차는 현대자동차에, 쌍용자동차는 중국의 상하이자동차에 인수되어 계열사로 편입되었고, 기아자동차에 인수되었던 아시아자동차는 이후 현대자동차의 사내 공장으로 전락하여 시장에서 사라졌으며, 삼성자동차는 프랑스의 Renault에 인수되어 르노삼성자동차가 되었고, 대우자동차는 GM에 인수되어 GM DAEWOO로 거듭나게 되었다.

2) 자동차시장의 경쟁 동향

2007년도 국내 자동차의 생산량은 내수와 수출을 모두 합하여 408만 6,308대로 생산량 기준으로 세계 5위에 해당한다. 수입차를 제외한 내수시장 점유율에서는 현대자동차가 51.8%로서 1위를 유지하고 있고, 현대자동차의 계열사인 기아자동차가 22.6%, GM DAEWOO가 10.8%, 르노삼성자동차가 9.7%, 쌍용자동차가 5%의 점유율로 뒤를 이었다(〈그림 II-3〉). 높은 수입관세 등의 이유로 내수시장에서 수입차의 비중은 그동안 매우 제한적

2) 현재 GM DAEWOO 본사가 위치한 부평공장의 전신이다.

〈그림 II-3〉 내수 시장의 자동차 판매 대수 추이(수입차 제외)

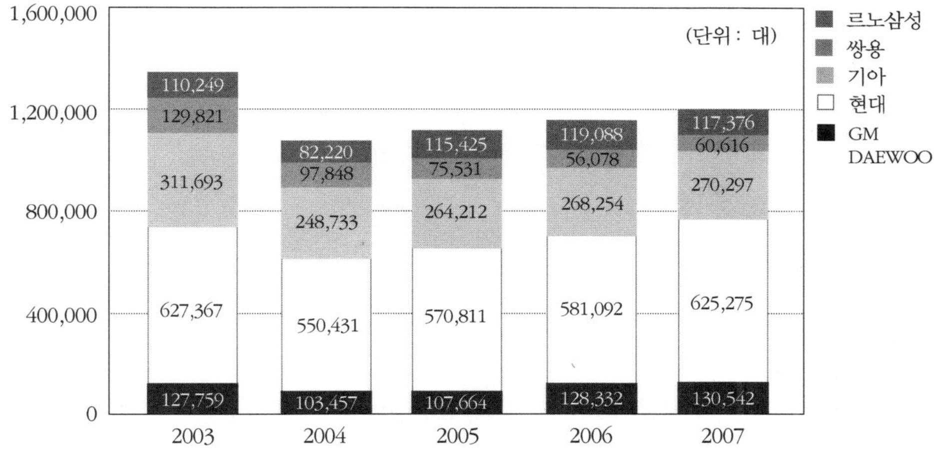

출처 : GM DAEWOO 내부자료 재구성.

이었으나, 최근 3,000~5,000만 원대의 중저가 수입차가 급증하면서 2008년 10월 현재 시장점유율은 7%를 기록하였다. 특히 이전까지 비교적 소극적 자세를 견지하던 Nissan, Honda, Toyota 등 일본 자동차의 공격적인 시장진출이 시작되면서 국내기업의 긴장감이 고조되고 있다.

세계 자동차시장은 유럽과 미국 시장의 성장이 둔화된 반면, 중국과 인도 등의 신흥시장은 급격히 성장하고 있는 추세이다. 시장점유율 면에서는 전통적으로 Big 3라고 평가받던 GM, Ford와 Chrysler는 재무상태의 악화와 높은 비용구조 때문에 시장점유율이 차츰 하락하고 Toyota, Honda 같은 일본의 자동차기업들은 시장에서 좋은 반응을 보이며 Big 3를 넘보고 있다. 최근 중국과 인도의 자동차업체들은 기존의 자동차업체를 인수합병하거나 기술적 제휴를 맺음으로써 경쟁력을 높이며 해외시장 진출을 시도하고 있다.

한편 미래의 자동차산업은 고효율·친환경 차량을 중심으로 재편될 조짐을 보이고 있다. 고유가와 환경문제 때문에 하이브리드 자동차에 대한 관심이 높아지고 있으며, 하이브리드 자동차를 생산할 수 있는 기술을 개발하여 시장을 선점하기 위해 전 세계적으로 경쟁이 치열해지고 있다.

2 대우자동차와 GM

1) 대우자동차의 성장과 위기

대우그룹은 1978년 7월 산업은행으로부터 새한자동차의 지분을 인수하면서 자동차사업에 참여하게 되었다. 새한자동차의 전신은 1972년 GM과 신진자동차의 50 : 50 합작으로 탄생한 GM코리아인데, 1976년 신진자동차로부터 지분을 인수한 산업은행이 회사명을 바꾸어 '새한자동차'가 되었으나, 지속적인 경영난을 극복하지 못하고 어려움을 겪어왔다.

새한자동차의 지분을 인수한 대우그룹은 합작 파트너인 GM으로부터 경영권을 양도받은 후 김우중이 대표이사 겸 회장으로 취임하였고, 1983년에 회사명을 '대우자동차'로 바꾸었다. 이때부터 1980년대 말까지 대우자동차는 GM의 자회사인 Opel의 기술협력을 바탕으로 '로얄' 시리즈, '맵시' 등의 인기 차종을 생산했으며, GM의 '월드카 프로젝트'의 일환으로 '르망'을 공동 개발하여 미국으로 수출하는 등 연간 40만 대 이상의 판매실적을 기록하는 국내 2위의 완성차업체로서 성과를 보였다. 그러나 이후 대우자동차는 노동쟁의 등으로 공장가동률이 하락했고 품질관리 미비, 신차종 개발 지연 등이 겹치면서 시장점유율이 계속적으로 감소하고 적자가 누적되는 등 심각한 경영위기에 처하게 되었다. 또한 대우자동차의 경영권을 두고 갈등하던 GM이 1992년 소유 지분 전량을 대우 측에 넘기며 한국시장에서 철수하면서 제품과 기술의 부족 현상이 더욱 심화되었다.

경영위기를 극복하기 위해 대우자동차는 GM을 벗어난 독자적 경영 기반 마련에 돌입했고 'NAC(New Automotive Concept) 도전 운동' 등 전사적 품질 및 생산성 혁신 활동이 성공적으로 이루어져 1990년대 중반 새로운 성장기를 맞이하게 되었다. 이 시기 대우자동차는 이른바 '세계경영'의 비전을 제시하면서 동유럽과 아시아를 중심으로 완성차 조립공장을 확장하는 한편 '라노스', '누비라', '레간자' 등 3개 차종을 동시 개발하여 출시하는 등 공격적인 마케팅을 통해 세계적인 자동차업체로의 발돋움을 시도하였다. 1992년 18만 대 생산에 1조 6,000억 원의 매출을 올린 대우자동차는 '세계경영'과 함께 그 규모가 급속히 커져 1997년에는 100만 대 이상 생산에 5조 8,000억 원 매출을 기록하였다. 특히 1995년에는 폴란드의 국영 자동차회사인 FSO(Fabryka Samochodow Osobowych)의 인수전에서 세계 1위의 자동차회사인 GM을 따돌리고 단독 인수에 성공함으로써 세계를 놀라게 했다.

그러나 대우자동차의 장밋빛 시기는 그리 오래가지 않았다. 내수시장에서는 시장점유율 유지를 위해 무이자 할부판매와 같은 출혈판매가 계속되면서 적자가 누적되고 있었다. 또한 대우자동차가 세계적인 자동차 생산회사로 부상하기 위해 추구했던 '세계경영'은 대부분 금융기관으로부터의 차입에 의존하여 폴란드, 루마니아, 우즈베키스탄, 우크라이나, 인도 등에 급속히 생산설비를 확충해나간 것이어서 단기간에 엄청난 규모의 부채를 안게 되어 대우자동차의 재무 및 수익구조는 부실상태로 치닫고 있었다. 1997년 말 경제위기로 인한 자금난으로 부실화가 더욱 가속되고 있는 가운데 대우자동차는 쌍용자동차를 인수하는 모험을 감행함으로써 재기를 모색했지만 악화된 재무상태로 인한 자금압박을 끝내 이겨내지 못했다. 1999년 8월 대우자동차는 결국 대우그룹 계열사들과 함께 워크아웃을 맞이하고 말았고,[3] 이후 정부와 채권단에 의한 대우자동차의 매각이 추진되었다. 대우자동차의 매각 과정에서 우선 협상 대상자로 선정되었던 Ford는 내부 사정에 의해 2000년 9월에 갑작스럽게 중도하차했고, 대우자동차는 같은 해 11월 최종부도를 내면서 법정관리에 들어갔다. 대우자동차는 2002년 10월 GM에 인수되기까지 강도 높은 구조조정에 들어가 인력을 7,600여 명이나

3) 대우자동차의 해외 진출 시 대우자동차 대신 (주)대우와 대우중공업이 투자회사로 나서게 됨으로써 대우그룹 전체가 부실화되는 요인으로 작용하였다.

줄이고, 대규모의 비용절감과 투자비 감축을 단행하였다. 이 과정에서 부평공장에서는 1,725명이라는 최대 규모의 정리해고가 이루어지기도 했다. 이로써 '세계경영'을 외치며 글로벌 생산 250만 대의 세계적 자동차기업으로 도약을 꿈꾸던 대우자동차는 과도한 차입과 비효율적 경영의 상징으로 내몰리며 끝내 몰락의 길을 걷고 말았다.

2) GM의 한국 시장 진출

1908년 설립된 GM은 세계 최대의 자동차회사로서, 1931년 Ford를 제친 이후 70여 년 동안 연 매출액 세계 1위의 자리를 지켜온 100년 전통의 자동차 명가이다. 미국 디트로이트에 본사를 둔 GM은 세계 35개국에 생산, 디자인, 조립기반을 갖추고 200여 개국에서 Buick, Cadillac, Chevrolet, GMC, GM DAEWOO, Holden, HUMMER, Opel, Pontiac, Saab, Saturn, Vauxhall, Wuling 등의 브랜드로 거의 모든 종류의 승용차와 트럭을 판매하고 있다. GM의 글로벌사업본부는 북미, 유럽, 아시아 · 태평양, 남미 · 아프리카 · 중동의 4개 지역사업본부로 구성되어 있으며, 2007년에 판매된 차량은 총 937만 대에 달한다(〈표 II-1〉).

GM과 한국의 인연은 1972년 신진자동차와 합작으로 GM코리아를 출범시키면서 시작되었다. Chevrolet, GMC 등의 브랜드로 승용차와 트럭, 버스 등을 생산하던 GM코리아는 이후 경영난을 겪으면서 1976년 '새한자동차'로 사명이 바뀌었다가 대우그룹이 국내지분과 경영권을 인수한 이후 1983년 '대우자동차'로 사명이 바뀌었다.

1980년대 GM과 대우자동차는 합작투자 파트너로서 비교적 순조로운 공조관계를 유지하였다. 대우자동차는 GM의 자회사인 Opel의 '로얄' 시리즈를 들여와 '맵시'와 함께 내수시장에서의 주력 차종으로 삼았으며, 월드카 '르망'을 공동 개발하기도 했다. 그러나 당시 GM은 대우자동차가 자동차 생산에 주력하기보다는 회사 확장에만 몰두한다고 불평했고, 대우자동차는 GM이 기술이전에 소극적이며 해외 시장 진출에 제약을 가하고 있는 점에

〈표 II-1〉 GM 글로벌 브랜드의 지역 본부별 자동차 판매실적

구분	브랜드	2006	2007	증가율(%)
북미 (GMNA)	Chevrolet	2,843,608	2,654,019	−6.7
	GMC	543,364	578,845	6.5
	Pontiac	539,429	485,885	−9.9
	Saturn	247,408	265,901	7.5
	Cadillac	237,551	225,032	−5.3
	Buick	262,467	201,690	−23.2
	HUMMER	75,939	59,141	−22.1
	Saab	39,386	35,175	−10.7
	Opel/Vauxhall	1,808	2,248	24.3
	기타	15,851	7,906	−50.1
	계	4,806,811	4,515,842	−6.1
아시아 · 태평양 (GMAP)	Wuling	417,108	516,435	23.8
	Buick	304,488	333,132	9.4
	Chevrolet	222,686	271,164	21.8
	Holden	158,111	158,421	0.2
	GM Daewoo	129,910	138,122	6.3
	Cadillac	3,761	7,760	106.3
	Opel/Vauxhall	6,160	5,267	−14.5
	Saab	3,698	3,882	5.0
	HUMMER	1,037	653	−37.0
	기타	845	944	11.7
	계	1,247,804	1,435,780	130,542
유럽 (GME)	Opel/Vauxhall	1,563,228	1,631,296	4.4
	Chevrolet	343,373	458,481	33.5
	Saab	90,453	84,930	−6.1
	Cadillac	3,445	4,990	44.8
	HUMMER	1,947	2,292	17.7
	기타	775	0	0.0
	계	2,003,221	2,181,989	8.9
남미, 아프리카, 중동 (GMLAAM)	Chevrolet	899,545	1,107,420	23.1
	Opel/Vauxhall	53,857	49,352	−8.4
	GMC	35,658	34,274	−3.9
	HUMMER	3,457	4,175	20.8
	Cadillac	2,527	3,597	42.3
	Buick	848	966	13.9
	Saab	399	451	13.0
	기타	38,984	35,678	−8.5
	계	1,035,275	1,235,913	19.4

출처 : GM DAEWOO 내부자료.

대해 불만을 드러내는 등 서로 다른 이해관계로 인한 갈등이 나타나고 있었다.

1990년대 들어 대우그룹 김우중 회장의 '세계경영' 구상이 시작되면서 대우자동차와 GM의 갈등은 더욱 증폭되었고 결국 1992년 10월, GM은 소유 지분 전량을 대우 측에 넘기면서 공식적으로 결별하게 되었다. 이후 직접투자보다는 딜러를 통한 수출을 통해 한국 시장에서의 명맥을 이어가던 GM은 1997년 경영난에 빠진 쌍용자동차의 인수를 추진했는데, 대우자동차가 쌍용자동차를 인수하자 한국시장에 재진입하려던 뜻을 이루지 못했다.

1998년 대우자동차는 외환위기를 맞아 그룹 구조조정을 위한 대규모 외자 유치를 목적으로 GM과의 전략적 제휴를 다시 추진했으나 GM 본사의 파업, 기아자동차의 국제 입찰, 삼성자동차의 빅딜 등 국내외 요인에 의해 협상이 결실을 맺지 못한 상태에서 상황이 더욱 악화되어 대우자동차를 비롯한 대우그룹 전체가 경영위기에 봉착하고 말았다. 당시 Ford와 함께 아시아 시장 공략을 위한 거점 확보 경쟁을 벌이던 GM은 1999년 12월 워크아웃 상태의 대우자동차에 인수를 공식 제안했고, 약 3년간에 걸친 입찰경쟁과 매각협상 끝에 계약이 체결되었다. GM에 인수된 대우자동차는 2002년 10월 17일 'GM Daewoo Auto & Technology'라는 명칭으로 공식 출범하면서 GM 글로벌 네트워크의 일부로 편입되었다.

3 GM DAEWOO의 탄생과 통합 과정

1) 보이는, 보이지 않는 위험

수십 조 원의 막대한 부채를 끌어안고 쓰러진 대우자동차를 GM이 인수하기까지는 수많은 우여곡절이 있었다. 매각협상은 무려 3년을 끌었고 그 와중에 대우자동차는 전성기에 비해 매출과 인력이 형편없이 위축되었다.

초라해진 규모와 함께 매각협상을 둘러싼 대내외적 갈등과 정치적 압력, 협상전략의 미비 등에 대해 무수한 논쟁이 벌어졌으며, GM에 매각되면서 탕감된 엄청난 부채가 고스란히 국민경제의 부담으로 남게 되면서 GM DAEWOO의 정상화 가능성에 대해 전 국민의 관심이 집중되었다.

어렵게 이루어진 GM DAEWOO의 탄생은 문제의 끝이 아니라 새로운 문제의 시작이었다. 탄생 과정이 순탄하지 않았던 만큼 향후 GM DAEWOO의 성장을 위한 더 많은 과제가 남아 있었다. 특히 이질적인 경영자원과 경영방식, 기업문화를 가진 대우자동차와 GM이 성공적인 통합을 이루는 데는 여러 가지 위험요인이 도사리고 있었다.

우선, 독자적인 경영기반을 가진 대우자동차에서와는 달리 초국적 기업인 GM의 글로벌 전략에 따른 목표시장 및 생산설비 변화, 기술이전 등 경영자원의 조정과 재배치라는 이슈가 제기되었다. GM의 인수배경에 대한 유력한 관측은 전 세계에서 가장 빠른 성장세를 보이고 있는 아시아 자동차 시장을 공략하기 위해 대우자동차를 인수하고자 했다는 것이었다. 따라서 세계 시장의 공략에 있어서 GM은 이미 큰 틀이 짜여 있어서 대우자동차의 해외법인에 대해서는 매력을 느끼지 못했으며, 특히 유럽 시장의 경우 GM과 연계된 Fiat와 Opel이 선점하고 있었고 폴란드, 우크라이나, 인도 법인도 중복되었다. 그 결과 GM DAEWOO의 탄생 시에는 해외사업의 대폭적인 조정과 이에 따른 생산규모 및 수출입 물량의 변화 등이 예상되었다. 또한 GM 브랜드의 자동차를 들여와 생산하게 될 경우 생산라인 재조정, 통합 플랫폼의 활용 및 GM 글로벌 생산 시스템의 도입이 필수적이며, 이를 위해 작업장에서의 엄청난 통합노력이 요구될 전망이었다.

GM의 인수를 통해 기대되는 긍정적 측면의 하나인 선진기술의 유입도 실질적인 성과를 거둘 수 있을지 의문이었다. GM의 인수를 반대하는 측에서는 과거 GM이 대우자동차와 제휴 시절에 실질적인 기술이전은 하지 않으면서 높은 로열티만 챙겨 대우자동차가 부실화되는 원인을 제공했으며, 향후 국내 부품업계의 고사와 고용불안까지 우려된다고 주장하기도 했다. 이러한 우려는 결국 GM DAEWOO가 아시아 시장을 위한 GM의 생산 하청

기지로 전락하고 말 것이라는 비관적 전망과 맞닿아 있었다.

또한 GM DAEWOO에서는 경영자원의 통합과 아울러 이에 걸맞은 글로벌 수준의 경영관리체제, 조직구조 및 업무 프로세스의 새로운 구축이 필요하였다. 과거 대우자동차의 경영관리체제는 김우중 회장의 직관적인 의사결정에 즉각적으로 부응하는 데 중점을 두었던 반면, GM DAEWOO가 도입해야 할 GM의 경영관리는 보다 광범위한 지리적 규모의 커뮤니케이션을 기반으로 부서 및 기능별 관점에서 철저하게 합리적인 검증과 절차를 요구하는 특징을 보이고 있었다. GM DAEWOO의 조직구조와 성과관리, 직급체계를 비롯하여 정보 시스템, 디자인 및 엔지니어링 소프트웨어에 이르기까지 GM의 글로벌 스탠더드에 맞추기 위해 구축되어야 할 새로운 업무 프로세스는 한두 가지가 아니었다. 특히 구매 프로세스에서는 GM의 글로벌 소싱 네트워크가 원활하게 구현되기 위해 GM DAEWOO 내부에서의 구매 시스템 구축뿐만 아니라 관련된 국내 협력업체들의 조달 프로세스도 완벽한 통합을 이루어야 했다.

마지막으로, 문화적 측면의 통합을 위해서는 더 많은 노력이 요구되었다. 한국기업인 대우자동차가 미국기업인 GM에 의해 인수, 통합되면서 여러 가지 문화적 충돌이 일어날 것임은 자명한 일이었다. 특히 인수기업으로서 당연시되는 'GM화' 중심의 통합 과정은, 파산기업인 대우자동차에 대해 '구조자'이자 '점령군'으로서의 이미지가 덧붙여짐에 따라 미묘한 갈등의 소지를 안고 있었다. 문화적 통합 측면에서의 우려는 노사문제에서 더욱 크게 나타났다. 인수합병을 통해 성장해온 GM의 세계경영전략은 오랜 역사를 가지고 있는데, 외국의 회사를 인수해서 그 나라에 도움이 되게 운영한 것만은 결코 아니었다.

1989년 스웨덴 Saab의 지분 50%를 인수한 후 종업원을 1만 7,200명에서 8,100명으로 절반이나 줄였으며, 멕시코에서도 공장을 폐쇄한 후 인원을 감축하는 등 GM은 수익성이 낮은 경우 과감히 구조조정을 단행해왔다. 이러한 상황에서 GM의 경영진은 미국 본사의 노조와도 대립적인 관계를 유지하고 있는 것으로 판단되었다. 1996년 독일의 브레이크 시스템이 수입되자 노조가 이에 대해 3,000명 규모의 파업에 돌입한 바 있으며, 1999년에는 공장에서 종업원 몰래 금형을 철수시켜 2개월에 걸친 장기 파업이 일어나기도 했다. 또한 당시 GM의 상황도 좋은 것은 아니어서 2000년 12월부터 대규모 구조조정에 들어가 있었다. GM은 Oldsmobile 공장을 포기하고, 북미와 유럽 등지의 직원 1만 6,000명을 줄이기로 했으며, 영국의 Vauxhall 공장도 폐쇄하기로 했다(이영면, 2005).

이와 같이 생산위축과 이에 따른 고용감축, 기술개발 포기를 통한 생산기지화, 초국적 기업의 글로벌 전략 아래서의 공장폐쇄 가능성, 노동조건 악화 등 대우자동차의 해외매각이 가져올 문제점에 대한 지적들은 GM DAEWOO 출범을 앞두고 기대에 찬 임직원들의 마음 한구석에 불안감이 드리우게 만들었다. 한편 대우자동차 노조의 분위기도 심상치 않아, 매각 협상 과정에서도 여러 차례 공격적인 모습을 보이는 상황이었다. 이와 같은 GM DAEWOO의 탄생을 둘러싼 여러 상황은 한결같이 GM DAEWOO의 문화적 통합 과정이 결코 쉽지 않을 것임을 예고하고 있었다.

2) 통합의 준비 : 위험요소의 최소화

1998년 2월 시작된 GM과 대우자동차의 협상은 3년이 지난 2002년 4월에서야 본계약의 체결이라는 결실을 보았고, 그 해 10월 GM DAEWOO의 출범으로 이어졌다. 협상이 장기화된 덕분에 GM의 인수팀은 최적의 통합을 준비할 수 있는 시간적 여유를 가질 수 있었다. 즉 GM DAEWOO의 통합 과정에서 예견되는 여러 가지 위험요소를 최소화함으로써 보다 성공적인 통합을 이룰 수 있는 기반을 마련한 것이다. 이에 대해 당시 협상팀의 일원이자 GM DAEWOO 초대 CEO를 지낸 닉 라일리(David Nicholas Reilly)는 "협상 전담팀을 포함해 12명으로 구성된 기획팀은 협상과 동시에 인수된 이후 회사의 조직과 운영방안에 대해 논의하고 있었다. 즉 회사 설립 이전에 인력, 영업, 마케팅, 시스템 변화, 회계 등의 전반적인 사업 관련 업무에 대한 골격을 마련해두었고, 그 덕분에 인수 절차를 마치자마자 신속히 다음 동작을 취할 수 있었다."(Reilly, 2007: 64-65)고 말했다.

GM은 먼저 대우자동차의 매각에 대한 부정적 시각을 극복하기 위해 "GM과 대우자동차는 생산 차종 면에서 상호 보완성이 높고 GM이 대우자동차를 인수할 경우 아시아・태평양 지역뿐만 아니라 세계시장에서 강력한 시너지 효과를 발휘하게 될 것이다."라고 사전에 그 인수배경을 밝혔다. 그리고 GM은 대우자동차를 인수하면 월드카 공동개발을 추진하고 한국 자동차산업의 발전에 기여하겠다고 적극적으로 홍보에 나섰다. 또한 GM은 대우자동차와의 오랜 제휴관계를 큰 장점으로 내세우며 시너지 효과를 강조했고, 마지막에는 슐라이스(Rudolph A. Schlais) 부회장이 방한해 대우자동차의 고용유지와 협력업체 개발을 약속했다(이영면, 2005). GM의 이러한 노력은 대우자동차를 인수할 주체로서 GM의 적합성을 높이는 데 크게 기여했고, 정부를 비롯하여 각 이해관계자들로부터의 이해와 지지를 이끌어내는 데 효과적으로 작용하였다.

한편 과거 대우자동차와의 제휴 및 GM코리아의 영업, 쌍용자동차의 인수 시도 경험 등을 통해 한국에 대해 비교적 잘 알고 있던 GM은, 대우자동차 매각의 시급성을 최대한 이용하여 '지연협상전략'을 구사함으로써 인수가격을 대폭 낮추는 데 성공했다. 이에 따라 최종적으로 합의된 매각 인수 총액은 20억 달러로서 최초 Ford가 제시한 금액의 1/4 수준에 불과하여 인수에 따르는 자본위험이 크게 낮아졌다.

또한 오랜 기간 동안 여러 차례의 실사를 통해 대우자동차의 강점과 약점을 속속들이 파악한 GM은 무위험자산(Clean Asset)만을 선별적으로 매입하는 전략을 실시하였다. 즉 최종 인수대상으로 베트남 법인을 제외한 전 해외 생산법인이 제외되었고, 판매법인 또한 미국 법인을 제외한 9개로 축소되었으며, 최대 걸림돌이었던 부평공장 또한 '조건부 인수'라는 이름 아래 제외되었다(안세영, 2003).

인수대상에 대해서도 GM은 GM DAEWOO가 공식 출범하기 이전까지 대규모 인력조정을 완료할 것을 요구하여 이후 통합 과정에서 회사의 부담을 최소화하도록 했으며, 특히 안정과 협력의 노사관계를 전제로 노사 간의 합의를 유도하였다. 이에 힘입어 2001년 8월 부평공장에서는 노사가 화합하여 '회사경영 정상화 시점까지 무분규·무쟁의'를 공동 선언함으로써 비록 최종인수대상에서는 제외되었지만 이후 최대한 조기인수가 가능하게 하려는 결의를 다지기도 했다.

이러한 철저한 사전 준비 과정을 거쳐 GM DAEWOO는 그 출발점에서부터 비교적 자신감 있게 통합을 전개해나갈 수 있었는데, "합의서에 서명을 마친 뒤 마련한 밑그림은 그렇게 절망적이지 않았다. 비록 회사의 재정은 기대 이하의 취약성을 보였으나 운영 상황은 그다지 나쁜 것이 아니었다. 유동성이 나쁘다는 점을 제외하면 공장은 여전히 잘 돌아가고 있었고, 직원들은 성실하게 출근해서 일했으며, 앞으로 출시될 신제품 계획 역시 차질 없이 진행 중이었다. 비록 다소 침체기에 접어들었다고 해도 자동차는 계속 만들어지고 팔려나가고 있었다."(Reilly, 2007: 51)라는 라일리의 말에서 이를 확인할 수 있다.

3) 통합 과정: 혼란과 인내의 순간

GM DAEWOO의 CEO로 임명된 닉 라일리는 다소 긴 이름(GM Daewoo Auto & Technology)이 될지라도 새로운 회사의 사명에 '기술(Technology)'이라는 표현을 넣음으로써 지속적인 자동차 관련 기술개발 의지를 천명하여 외국기업의 하청 생산기지로 격하되는 것을 염려하는 내외부의 우려를 불식시키려 했다. 그리고 성공적인 통합 과정을 위한 첫 작업으로서 동서양 간부들을 총망라하여 전 임직원의 공통된 목표이며 노력의 지향점이 될 새로운 비전을 수립하도록 했다. 이에 의해 '최고의 고객가치를 추구하는 글로벌 기업이자 가장 신뢰받는 한국 자동차회사'라는 비전이 수립되었고, 또한 세 가지 주요 전략으로서 '한국 시장에서의 입지 확보', '세계 수준의 기술이 돋보이는 제품 디자인, 개발 및 제조', 'GM 그룹의 유통망, 브랜드 및 기술 이용' 등이 제시되었다.

GM DAEWOO에게 이러한 비전과 전략은 희망을 주었지만 기업 파산이라는 폐허 속에서 과거의 아픔을 딛고 다시 일어서는 것은 결코 쉽지 않았다. '한국 시장에서의 입지 확보'를 위해서는 강력한 경쟁자에게 뒤지지 않는 새로운 기업 이미지의 구축이 필수적이었고, '세계 수준의 기술이 돋보이는 제품 디자인, 개발 및 제조'를 위해서는 해외에서도 인정받을 만큼의 기술・디자인・생산 역량을 구축해야 하며, 'GM 그룹의 유통망, 브랜드 및 기술 이용'을 위해서는 먼저 GM의 글로벌 네트워크와 연계되는 부문별 통합 시스템의 운용이 요구되었다. 이에 따라 GM DAEWOO 탄생 이후 최우선 과제는 전 부문에 걸친 조직개편과 함께 GM 글로벌 체제로의 시스템 및 업무 프로세스 통합 과정이 중심이 되었고, 이후 통합이 완료된 부문이 증가함에 따라 조직이 안정되면서 기술・디자인 역량의 선진화와 함께 국내외 시장에서의 성공적인 성과를 기대할 수 있게 되었다.

2002년 10월 출범과 동시에 GM DAEWOO의 조직구조는 기존의 1부문 2실 10총괄 2연구소 체제에서 GM의 글로벌 조직구조와 거의 동일하게 대응되는 10부문 23본부체제로 개편되었으며, 이후 재편된 조직구조를 바탕으로 한 GM의 글로벌 네트워크와의 통합 노력은 각 부문별로 조금씩 다르게 전개되었다.

4) 통합 과정에서의 부문별 변화와 혁신

(1) 재무 부문

GM DAEWOO가 탄생한 이래 재무 부문의 변화는 가장 앞서서 신속하게 이루어졌다. GM의 인수팀은 2002년 2월경부터 재무 부문 관리자와의 면담을 통해 현황 파악에 나서서, 재무 부문 역할 재정립을 위한 방향성을 논의하고, 회사의 중요 재무사항 의결 시 동의를 얻도록 하는 등 통합과 혁신을 위한 사전 준비 작업을 실행하였다. 이러한 철저한 준비 과정과 함께 혁신의 방향성에 공감하는 대우자동차 재무 부문 임직원들의 적극적인 혁신 노력이 뒷받침되어 GM DAEWOO의 재무 부문은 회사의 출범과 거의 동시에 새로운 역할과 체제에 즉각적으로 대응할 수 있었다.

재무 부문의 변화는 먼저 역할의 변화에서 찾아볼 수 있다. GM DAEWOO가 되면서 사라진 기획실의 기능이 재무 부문으로 통합되면서 재무부문의 역할은 경리, 회계, 세무, 자금관리뿐만 아니라 경영계획 수립, 예산관리, 프로젝트별 사업성 검토, 투자관리, 가격관리, 주요 부문별 재무관리에 이르기까지 더욱 확대되었다. 기획 및 재무 기능의 통합은 전사적 차원에서 보다 중요한 변화와 동반되었다. 과거 각 공장이나 연구소에 걸쳐 분산되어 있던 기획・재무 기능이 대부분 재무 부문으로 집중됨에 따라 이른바 독자적이고 표준화되어 있지 않은 횡적 관리체계에서 통합적이고 표준화된 종적 관리체계로 전환된 것이다. 그 결과 사업 및 자금계획 수립, 월차결산 등 경영관리 프로세스의 속도가 훨씬 빨라졌으며, 2008년 현재 매월 7일차 전사 연결결산 결과보고가 이루어지는 등 과거에는 불가능으로 여기던 수준의 스피드 경영이 시작되는 기반을 마련하였다.

경영관리 전반에 걸친 투명경영 및 윤리경영의 강조와 실천도 재무 부문에서의 중요한 변화이다. 대우자동차 시절에도 이러한 경영방침이 없었던 것은 아니나 선언적이고 형식적인 수준에 머물고 말았다. GM DAEWOO가 되면서 윤리경영은 '핵심가치'의 하나로 설정되어 구체적인 행동지침을 제시하고 주기적・반복적 교육을 통해 전 직원의 체화된 자발적 준수를 요구하고 있으며, 투명경영을 위해서는 FRA(Fraud Risk Assessment), Antifraud 프로그램, 주기적 감사제도 및 전담 조직 등을 도입하여 투명성을 확보하기 위한 제도적 장치를 마련하였다.

GM DAEWOO의 재무 부문은 이러한 윤리경영과 투명경영을 위한 내부통제 기능을 담당하고 있으며, 각 부문별 업무 프로세스를 관리하고, 전산망으로 모니터하며, 취약 부분을 진단하는 등의 업무가 과거에 비해 보다 엄격하게 수행되게 되었다. 조직별 리스크 검증 및 평가감사를 포함하는 PRM(Process Risk Management)은 이러한 내부통제를 위해 도입된 GM 시스템의 하나인데, 흥미로운 점은 이 시스템이 과거 대우자동차가 GM과 협력하던 때부터 사용하던 시스템과 흡사한 것이어서 이를 받아들이는 데에 별 문제가 생기지 않았다는 것이다. 오히려 이제야 선진 시스템을 제대로

운용할 수 있다는 기대감으로 비교적 순조롭게 새로운 시스템에 적응할 수 있었다고 한다. 과거 비효율성의 대명사로 여겨진 대우자동차의 경영관리 부실은 시스템의 부재라기보다는 주로 운영방식의 문제였음을 짐작하게 하는 부분이다. 이와 관련하여 GM DAEWOO 재무 담당 간부는 "대우자동차 시절에는 내부통제 기능이 미약하여 분식회계 등의 문제가 발생하였고 이것이 결국에는 법정관리에 들어가게 된 원인이 되었다. 이 때문에 외부에서도 GM DAEWOO의 내부통제 문제를 가장 심각한 문제로 평가하고 있었으며 내부통제 시스템을 잘 정리하는 것이 무엇보다 중요한 사항이 되었다."라고 말했다.

(2) 구매 부문

GM DAEWOO의 구매 부문 또한 비교적 빠른 시간 내에 안정화된 부문이다. 과거 구매 부문은 국내 자동차산업의 전형적인 형태로서 각 협력업체가 특정 완성차업체에 전속되어 있었으며, 부품업체 선정 시에도 국내업체 간의 나눠 먹기식 경쟁이 일반화되어 있었다. 그러나 GM DAEWOO가 탄생하여 GPS(Global Purchasing & Supply Chain) 시스템이 도입되면서 상황이 달라졌다. GPS는 GM의 글로벌 구매 시스템의 근간을 이루는 것으로 전 세계의 모든 협력업체를 GM의 파트너로 인식, 등록하고, 전 세계에 걸친 경쟁입찰을 통해 가장 우수한 업체를 선정하는 시스템이다. 따라서 GM DAEWOO와 거래를 원하는 협력업체는 GM이 제시하는 SOR(Sourcing Of Requirements)의 요구조건을 모두 만족시켜야 하므로 글로벌 경쟁력을 갖춘 협력업체는 살아남고, 그렇지 못한 협력업체는 경쟁에서 도태된다. 이러한 경쟁구조에서 모든 협력업체는 글로벌 경쟁력을 갖추기 위해 스스로 노력해야 하며, GM DAEWOO는 세계적으로 가장 우수한 협력업체와 파트너가 됨으로써 회사의 경쟁력을 높일 수 있게 되었다. GM DAEWOO의 구매 담당 간부는 이를 과거와 비교하여 "GM DAEWOO 이후 소싱 절차가 내부와 외부 협력업체에 공개되고 있기 때문에 투명성이 좋아졌다. 대우자동차 시절에는 서로의 사정을 봐주는 관행이 있었고, 현재의 경쟁력

보다는 과거의 거래 실적 위주로 소싱이 이루어졌었다. 하지만 이제는 이런 관행이 완전히 사라지고 무조건 경쟁력 있는 업체와 거래를 하게 되었기 때문에 거래의 투명성은 확실하게 보장되고 있다."고 평가했다.

GPS가 정착되기까지는 많은 어려움이 있었다. 처음 겪어보는 프로세스인 데다 부도사태를 거치며 담당 인력이 줄어들었기 때문이었다. 또한 GPS의 특성상 구매 부문뿐만 아니라 협력업체의 측면에서도 많은 변화가 요구되었다. 과거 대우자동차가 부실화되면서 제때 결제되지 않은 대금으로 인해 협력업체들이 많은 손실을 입었으며 일부 업체는 도산하기도 했다. GM DAEWOO가 탄생하면서 협력업체들은 세계 1위 기업인 GM의 글로벌 판매망에 의해 매출이 비약적으로 증대될 것을 기대하게 되었다. 이에 부응하여 2002년부터 시작된 'Buy From Korea' 프로젝트에서는 GM DAEWOO의 완성차나 CKD를 통한 부품 수출뿐만 아니라, 한국의 협력업체가 GM의 글로벌 네트워크에 부품을 직수출하는 기회를 열어주었다. 수출 물량이 증대되면서 협력업체 또한 크게 성장하여 더욱 높은 경쟁력을 갖게 되는 선순환이 이어졌다. 2005년 초 GM의 글로벌 구매 담당자는 향후 3년 동안 한국에서 무려 20억 달러의 부품을 구매할 것으로 전망하기도 했다.

GM DAEWOO의 구매 부문은 타 부문에 앞서 2003년도 말에 GM의 글로벌 감사를 받아 'Satisfactory'로 통과했으며, 지금은 세계 각 지역에 업무 컨설팅을 하는 역할까지 맡고 있을 정도로 발전을 계속해왔다. 즉 GM 그룹 내에서도 GM DAEWOO의 구매 부문이 인정을 받고 있는 상황인 것이다. 국내 협력업체의 경쟁력도 계속적으로 향상되고 있다. 그 한 예로 2006년에 전 세계에 3,000여 개의 GM이 거래하는 협력업체 가운데 80개의 협력업체가 우수 협력업체상(Supplier Awards)을 받았는데 그중에서 12개 업체가 바로 한국 협력업체였다. 이러한 수상경력은 국내 협력업체가 GM의 글로벌 소싱에서 경쟁력을 인정받았다는 것을 의미하며, 이를 통해 세계 수준에서의 우선순위 협력업체로 자리매김할 수 있다는 희망을 가지게 되었다.

(3) 기술 부문

대우자동차의 인수 당시 세계 1위를 자랑하던 GM에게 대우자동차의 기술력은 주목거리가 되지 못했다. 더구나 회사가 파산하면서 1/3 이상의 기술 인력이 빠져나간 상태였기에 더욱 기대수준이 낮을 수밖에 없었다. 그러나 GM DAEWOO의 탄생 이후 GM은 놀랍고도 다행스러운 경험을 하게 되었다. 인수 후 확인된 대우자동차의 기술력은 GM의 약점이었던 아시아·태평양 지역 공략을 위한 소형차 개발에 있어서 충분한 수준이었으며, 혁신적인 제품 개발 프로젝트가 상당 부분 진행되는 등 열악한 상황에서도 기술 부문만큼은 지속적으로 발전하고 있었다. 이에 따라 인수 당시 여러 가지 이슈로 인해 부평공장이 최초 인수대상에서 제외되었음에도, 공장 내에 위치한 기술연구소만큼은 고집스럽게 인수대상에 포함시켰던 점은 결국 모두에게 긍정적인 결과를 가져왔다. 이에 대해 라일리는 "우리로서 다행스러웠던 것은 GM DAEWOO의 주요 장점 중 하나가 대우자동차로부터 물려받은 기술연구소에 있었다는 점이었다. 회사는 이미 전 사업장에 다양한 엔지니어링 문제를 다룰 수 있는 전문 엔지니어들을 보유하고 있었지만, 총괄 엔지니어링 작업은 부평공장에 위치한 핵심연구개발센터에서 진행되었다. GM DAEWOO는 빠른 신제품 개발과 품질 덕분에 GM 글로벌 네트워크의 디자인과 엔지니어링 개발을 위한 중심에 우뚝 설 수 있었고, 고객들로부터 예상을 뛰어넘은 호평을 받을 수 있었다."(Reilly, 2007: 75)라고 말했다.

GM DAEWOO가 지닌 기술역량의 우수성은 통합 과정에서도 유감없이 발휘되었다. GM의 글로벌 네트워크와 연계되기 위한 기반 시스템으로서 'Unigraphics'라는 전혀 다른 기술개발 소프트웨어가 도입되었는데 새로운 매뉴얼에 대해 전 직원이 밤낮없이 파고들더니 순식간에 아무런 문제없이 익숙해졌다고 한다. 지금까지도 GM DAEWOO의 엔지니어들은 GM이 요구하는 글로벌 스탠더드 수준에 도달하기 위해 'GM University'에서 교육받는 것을 매우 적극적으로 활용하고 있다고 한다.

통합 과정에서 기술 부문의 주요 과제 중 하나는 특정 제품에 대해 GM의 모든 자회사에서의 관련 시스템, 프로세스, 운영 등을 통합하는 시스템에 적응하는 것이었다. 전 세계 GM의 자회사들은 제품별로 동일한 생산 플랫폼을 공유하고 있는데, 세계 각지에서는 이 플랫폼을 통해 기본적인 틀은 같지만 외형은 조금씩 다른 차량을 동시다발적으로 생산하고 있다. 이때 기본제품의 주요 콘셉트와 기술 사양이 적절하게 유지되면서도 각국의 현지 시장에 적합한 변형이 가능하기 위해서는 개발 단계에서부터 전 세계에 걸친 시장지식 및 관련 법규, 환경여건, 기술지식이 총망라되어야 하므로 이에 대한 역량 축적이 필수적이다.

GM DAEWOO가 되면서 기술 부문의 위상은 놀랄 만큼 높아졌다. 대우자동차 시절에도 기술에 대한 관심은 비교적 높은 편이었으나 GM DAEWOO에 들어와서는 소형차 및 경차 부문에서 세계적 수준의 연구개발 능력을 확보함에 따라 GM의 글로벌 네트워크에서 3대 연구기지의 하나이며, GM 전체의 소형차와 경차 아키텍처 개발을 전담하는 기술 중심지로 인정받게 되었다. 실제로 GM DAEWOO의 생산 및 기술연구소에서 비롯된 각종 차체 관련 기술 중 그 우수성이 입증된 많은 기술이 GM의 미국이나 유럽에서 적용되고 있다. 이러한 성과는 GM DAEWOO 기술인력의 뛰어난 역량과 최고를 향한 열정이 GM의 글로벌 네트워크와 접목되면서 더욱 강화되어 나타난 결과로서 통합을 통한 시너지 창출의 모범사례가 되었다.

(4) 디자인 부문

GM DAEWOO의 디자인 부문 또한 비교적 빠른 시간 내에 GM 글로벌 네트워크에서도 앞서가는 선진역량을 구축하는 데 성공한 부문이다. 과거 대우자동차 시절 디자인 부문은 기술연구소 산하의 별도 관리 회사인 '디자인포럼'에서 수행되었다. 당시 Italdesign, Pininfarina, Bertone 등 유럽의 자동차 전문 디자인회사에 디자인 개발을 의뢰했고, 이를 통해 대우자동차의 디자이너들도 상당한 실력을 닦을 수 있었다. 실제로 GM DAEWOO 이전 출시된 많은 차종들의 경우 신모델의 개발에 있어서 대부분의 디자인 작업을 자체적으로 수행했지만, 정작 모델을 출시할 때에는 대우자동차 디자인팀은 유명 외국 디자이너의 명성에 가려지는 아쉬움을 겪었다.

GM DAEWOO가 탄생하면서 전통적으로 디자인의 중요성을 강조해온 GM의 경영방침에 따라 디자인 부문에는 경영진의 전략적 지지와 대규모 투자가 집중되었다. 2003년 5월 부평공장 내에 산뜻한 신축 건물로 디자인 센터를 옮겨왔으며, GM 글로벌 디자인 네트워크와의 연결을 위한 커뮤니케이션 및 가상현실 시스템 등 최첨단 설비와 시설이 구축되었고, 인력이 보강되었으며, 조직 내 위상 또한 '실'급에서 '부문'급으로 격상되었다.

GM DAEWOO 이후의 디자인 업무 프로세스는 거의 완벽한 실시간 글로벌 체제로 변화되었다고 한다. 예를 들어, GM에는 전 세계적으로 12개의 디자인센터가 있는데 GM DAEWOO 디자인센터에서 제시한 아이디어 스케치를 북미, 독일, 호주, 중국, 브라질 등에 소재한 글로벌 디자인센터들이 실시간 디자인 커뮤니케이션과 지속적인 협업을 거쳐서 보완과 완성을 도모해나감으로써 마치 하나의 글로벌 디자인센터처럼 운영되는 것이다. GM의 각 디자인센터들은 내부 경쟁을 하기도 하고 협력을 하기도 하는데, 이를 조정할 수 있는 시스템 또한 잘 갖추어져 있다. 왜냐하면 각 조직의 스케치들을 계속 평가하여 어떤 것을 채택할지 선정할 때에는 경쟁이 존재하지만, 이후 서로 간에 커뮤니케이션을 통해 의견을 개진하고 협동을 하는 과정도 필수적으로 거치게 되어 있기 때문이다. 즉 일정 기간 동안에는 각 디자인센터 간 경쟁을 통해서 각자 스케치를 한 후 한쪽이 채택이 되면 다른 한쪽은 그쪽으로 같이 보조를 맞춰서 협조하는 방식이다.

한편 대우자동차 시절에는 해외에 판매할 경우 이미 만든 자동차를 가져가서 거래를 했지만, GM DAEWOO는 GM의 글로벌 조직을 통해 디자인 시안만을 가지고 사전에 어느 정도 판매가 가능할지에 대한 판매량 예측, 사업성 등을 종합적으로 판단한 후 개발 프로젝트의 방향을 지속적으로 보완해나가는 방식으로 바뀌었다. 이에 따라 디자인 단계에서부터 철저한 시장성이 갖추어져야 하므로 세계 시장의 흐름을 꿰뚫는 보다 강화된 디자이너 역량이 요구되기에 이르렀다.

GM DAEWOO 디자인 부문의 성과는 현재까지 매우 성공적으로 평가되고 있다. 2007년에는 GM의 차세대 글로벌 경차 양산 모델에 GM DAEWOO의 콘셉트카인 '비트'가 선정되기도 했다. 또한 GM DAEWOO 디자인센터는 GM의 Chevrolet 브랜드로 판매되는 차량의 대부분의 디자인을 책임지고 있는데, GM의 다른 브랜드들의 성장이 지체되는 반면, GM DAEWOO가 생산하여 해외로 판매하는 Chevrolet의 물량은 계속적으로 늘어나 GM 전체에서의 기여도가 20%(대수 기준)에 이르고 있다.

(5) 생산 부문

GM DAEWOO의 탄생 이후 외형적으로 가장 크게 달라진 부문은 생산 부문이다. 2002년 인수 당시 40만 대 수준에 불과하던 자동차 생산량은 매년 비약적으로 성장하여 2004년 90만 대, 2007년 188만 대(CKD 포함)로 증대되었다. 실제로 2002년에 예상한 2006년의 자동차 생산량은 60만 대 수준이었다고 한다. 그러나 단 1년 만인 2003년에 58만 대로 그 예상치에 근접했고, 실제 2006년에는 152만 대로 2.5배 이상 늘어났다. 이렇게 생산량이 증대된 것은 GM의 글로벌 판매망, 특히 급격히 증대된 아시아 시장에 힘입은 바가 컸다. 그러나 이러한 판매가 가능하게 된 근본적인 부분은 GM DAEWOO가 생산한 차량이 세계시장에 받아들여질 만한 높은 상품성을 가졌기 때문이다. 이는 GM DAEWOO 생산 부문의 수준 이상의 높은 생산성과 품질이 가격경쟁력과 결합되어 만들어낸 결과이다.

생산 부문에서의 질적 변화는 GMS(Global Manufacturing System)의 도입으로 압축된다. GM이 Toyota의 생산방식을 벤치마킹하여 1996년에 개발한 GMS는 일종의 보편적인 작업방법의 이론을 체계화한 것으로 전 세계에서 운영되는 GM의 계열회사들이 효율적인 작업원리를 자유롭게 공유할 수 있도록 만들어진 스탠더드와 지침을 제공한다. 과거 대우자동차의 생산방식은 자체적인 방식과 Honda, Opel의 방식 등이 혼재되어 있었다. GMS 또한 이와 비슷한 시스템이라고 볼 수 있는데, 기존의 대우자동차의 교육방식이 일방적 · 강제적이었다면 GMS는 양방향의 교육을 시키고 참여를 유도함으로써 직원들의 만족도가 높았다. GMS가 체계적으로 도입됨에 따라 낭비와 불량이 줄어들어 생산성이 상당히 개선되었고, 특히 품질에 대한 인식이 크게 제고되었다.

현재 각종 생산 관련 지표에 대한 GM 그룹 내에서의 순위를 직접적으로 보여주는 GMS상에서 GM DAEWOO는 중상위에 속하는 것으로 평가되지만, 아직까지도 GMS가 GM이 요구하는 수준까지 완전히 정착된 것은 아니며 보완할 부분이 남아 있다. 특히 여기에는 생산직에서의 팀별 조직구성이나 성과에 대한 보상 문제 등 노사협력을 요구하는 몇 가지 이슈들이 사회적 · 문화적 요인들과 맞물려 있음으로 인해 비교적 조심스러운 접근방법을 요구하고 있다는 것이다. 이와 관련하여 GM DAEWOO의 생산 부문 간부는 "GMS라는 것이 GM의 북미 지역에 맞춰서 개발된 측면이 있기 때문에 전 세계적으로 완전히 동일하게 적용되는 데에는 무리가 따른다. Toyota 방식은 일본과 동양에 맞는 것인데, 이를 변형하지 않고 무조건 서양에 적용할 수 없는 것과 마찬가지로 GMS도 GM DAEWOO에 적용할 때에는 한국의 실정에 맞추는 것이 필요하다. 하지만 아직까지 지역적인 특색을 고려해야 할 부분과 GM 방식을 그대로 고수해야 하는 부분에 있어서 조정이 완전히 이루어지지 않았고, 이 부분은 차차 GM DAEWOO가 해결해 나가야 할 과제이다."라고 말했다.

(6) 마케팅 · 영업 부문

통합 과정에서 GM DAEWOO의 마케팅 · 영업 관련 부문은 타 부문과는 상당히 다른 변화를 겪었다. 수출을 포함한 해외사업의 상당 부분을 GM의 글로벌 판매망에 위탁하게 됨에 따라 GM DAEWOO의 마케팅 · 영업 관련 업무의 중심은 내수시장에 집중되게 되었다. 우선 '대우자동차' 브랜드에서 'GM DAEWOO' 브랜드로 명칭이 변경되었고, 이에 따라 로고 또한 달라졌다. 브랜드를 변경할 당시에는 아예 새로운 브랜드로 바꾸자는 의견도 있었으나, 외국기업에 배타적인 내수시장의 특성에 따라 상당수 임원들이 대우자동차의 브랜드를 유지하고자 했다. 결국 GM 쪽에서 이를 수용하여

'대우'라는 명칭을 함께 사용하는 것으로 결론이 났고, 새로운 로고 또한 대우자동차와 GM이 결합되는 형상을 담고 있다. 이와 같이 GM DAEWOO는 일정 부분 한국기업으로서의 이미지를 이어가려 했지만 그 효과는 매우 제한적이었다. 즉 GM은 지역별로 시장 특성에 따라 각기 다른 브랜드를 활용하는 전략을 추구하고 있는데, 과거 대우자동차의 부정적 이미지로 인해 GM DAEWOO 브랜드가 적용되는 지역은 국내시장과 베트남으로 국한되었으며,[4] 더욱이 내수 시장에서는 GM DAEWOO의 혁신을 부정하는 경쟁회사의 집요한 공세에 시달려야 했기 때문이다.

인수 초기 GM DAEWOO에서는 회사를 정상화하는 것이 급선무였기 때문에 부진한 내수시장보다는 수출위주의 전략을 추진하였다. 우수한 품질과 높은 가격경쟁력을 가진 GM DAEWOO의 제품들은 GM의 글로벌 판매망을 통해 날개 돋친 듯 팔려나갔고, 그 결과 GM DAEWOO 판매량의 90%를 넘게 차지하는 수출 실적을 바탕으로 GM DAEWOO는 GM 전체의 세계화(globalization) 전략을 이끌어가는 역할을 수행하고 있다.

그러나 앞서가는 수출에 비해 내수시장에서 마케팅 · 영업 부문의 성과는 고전을 면치 못하고 있다. 통합 과정을 통해서 GM의 글로벌 스탠더드를 흡수할 수 있었지만 내수시장의 경쟁력을 강화하는 데 실질적인 도움을 얻지는 못한 것이다. GM DAEWOO의 마케팅 · 영업을 담당하는 한 간부는 "주로 내수시장에 초점을 맞추고 있기 때문에 GM DAEWOO의 마케팅 · 영업 부문에는 GM 본사로부터 파견된 외국인 직원[5]이 많지 않다. 오히려 국내시장의 특수한 상황을 분석할 수 있는 인재가 필요하다. 또한 내수시장의 전략을 세우는 것에는 GM 본사가 관여할 수 있는 부분이 적기 때문에 마케팅 부문은 다른 부문에 비하여 상대적으로 자율성이 더 많이 보장되고 있기도 하다."라고 그 한계점을 지적하였다.

시장점유율과 같이 직접적으로 드러나는 성과를 거둔 것은 아니지만, GM DAEWOO의 마케팅 · 영업 관련 부문에서는 여러 가지 혁신이 시도되

4) 베트남에는 GM DAEWOO의 해외생산법인인 VIDAMCO가 위치하고 있다.

5) 사내에서는 ISP(International Service Provider)로 불린다.

었고 나름의 성과를 거두기도 했다. 예를 들어, GM DAEWOO는 2003년부터 GM의 글로벌 서비스 스탠더드를 응용한 '참(Charm)서비스'라는 서비스 브랜드를 만들어 24시간 긴급출동 서비스, 예약작업 지연 시 보상제도 등 고객만족을 위한 표준화된 서비스 체계를 구축했고, 2004년에는 부품의 전국적인 물류 네트워크를 혁신했으며, 2005년에는 회사 직속의 통합 '고객지원센터'를 설립, 운영하여 고객과 밀착된 최상의 서비스를 지향함으로써 상당한 브랜드 이미지 개선을 이룬 것으로 평가받고 있다.

(7) HR, 노사관계 부문

인사 부문에는 '변화관리(Change Management)팀'이 신설되어 통합 과정에서 변화 추진의 선봉에 서서 새로운 정책의 도입을 적극 지원하는 조직개발의 역할을 수행했는데, 특히 GM의 시스템을 도입하고 적용할 때 전달 창구로서 또한 컨설턴트로서의 역할을 도맡아 했다. 또한 변화관리팀은 GM이 한국의 인사 관행을 연구할 수 있는 자료를 마련하고, 직원들이 GM의 인사정책에 대해 숙지할 수 있도록 도움을 주는 역할을 하였다.

그러나 변화관리팀의 활약에도 불구하고 GM DAEWOO에서 통합 과정이 가장 천천히 진행된 부분으로 인사 부문이 꼽힌다. 통합이 더뎠던 이유로서 일단 회사를 정상화시키는 것이 인수 후 지금까지 GM DAEWOO가 당면한 최대의 과제였음을 지적할 수 있다. 초대 CEO인 닉 라일리는 이 과제를 성공적으로 마치기 위해서는 여태까지 대우자동차가 사용해온 방식을 어느 정도는 고수해야 한다고 생각하였다. 특히 인사 부문은 시스템을 한꺼번에 바꿀 경우 무리가 따를 수 있고 생산·구매 부문에 비해 시급하게 변해야 할 필요성이 상대적으로 적으므로 이 부문의 변화는 천천히 이루어지기를 기대했다.

GM DAEWOO가 탄생하면서 첫 번째로 실시된 인사정책은 직급을 단순화하는 것이었다. 임원에서는 '이사'가 없어지고 사장–부사장–전무–상무의 4개 직급으로 단순화되었으며, 직원에서는 '과장'이 없어지고 대졸, 전문대졸, 고졸과 같이 학력을 기초로 3개 직급으로 세분화되어 있던 것을

'사원'으로 통일하여 부장–차장–대리–사원의 4개 직급으로 단순화하였다. 이러한 직급의 단순화로 조직 내 커뮤니케이션이 보다 잘 이루어질 수 있었고, 업무 프로세스가 단순화되어 의사결정이 보다 효율적으로 이루어지게 되는 한편 GM의 글로벌 인사체계와도 적절히 대응되도록 하였다. 그러나 직급체계의 개편이 비교적 신속하게 추진된 반면, 이와 연계된 급여체계와 성과보상 등에 있어서는 보다 신중한 접근이 요구되었다. 새로운 제도 도입을 위한 기반 구축과 사회·문화적 측면에서의 영향에 대한 고려가 필요하기 때문이다.

이와 관련하여 GM DAEWOO의 HR 담당 간부는 "현재 GM DAEWOO의 직급별 급여 수준은 GM 글로벌 HR이 요구하는 수준에 거의 근접하게 다다르고 있다. 하지만 GM본사가 부서별, 포지션별로도 급여 수준을 다르게 설계하고 있는 반면, GM DAEWOO는 아직 이 방식을 시행하고 있지 못하다. GM 글로벌 HR에서는 GM DAEWOO도 이와 같은 시스템을 도입할 것을 요구하고 있으나, 직무 중심 관리를 위해서는 보다 세밀하고 구체적인 직무분석 작업이 선행되어야 하고, 현장직원들의 합의도 필요하므로 시간이 더 필요한 상황이다."라고 말했다.

승진 및 보상제도에서도 GM의 보상철학과 맞추는 작업이 2005년에서야 본격적으로 시작되었다. 한국의 보상제도의 문제와 개선 방향에 대한 GM 본사와의 심층적인 협의 결과, 각 직급마다 급여 상하 폭(Pay Band)을 늘려서 각 직급의 급여가 겹칠 수 있도록 급여를 설계했다고 한다. 즉 예전에는 승진 중심의 보상체계였기 때문에 승진이 되면 연봉이 한꺼번에 많이 오르는 방식이었으나, 현재는 직급과 직급 사이의 급여 수준 차이를 줄이고 동일 직급 내에서 개인의 성과가 충분히 반영되도록 하였다.

인수 후 5년이 지난 지금 GM DAEWOO의 인사제도에는 많은 변화가 있었다. GM DAEWOO의 인사 시스템에서는 시스템 관리, 통합, 직원교육, 인력계획 등을 현업 리더가 결정하는데, 이는 한국의 다른 기업 인사 시스템과 차별화되는 요소이다. 또 HR 담당자가 각 부문으로 나가서 인사 컨설팅 작업을 하기도 하는데, 이는 과거에 인사 부문이 행정 중심, 급여 제공 등의 단순 역할에서 벗어나 보다 더 전략적인 방향으로 발전하고 있음을 보여준다. 반면에 GM DAEWOO는 아직까지 상대평가인 평가등급제 인사고과 시스템을 운영하고 있는데, 이는 대우자동차 시절과 비교하여 변화되지 않은 부분이다. GM그룹 내에서도 이런 시스템을 가지고 있는 회사는 GM DAEWOO가 유일하며 앞으로도 협의가 필요한 요소라고 한다. 그럼에도 불구하고 이 시스템이 운영되고 있는 이유는 아직까지는 한국의 정서에 맞는다고 생각되기 때문이며, 조직의 혼란과 저항을 최소화할 수 있다는 측면에서이다.

GM DAEWOO는 이처럼 변화를 초기에 밀어붙이지 않고 시간을 두고 천천히 진행하였다. 기존의 조직문화를 한 번에 바꾸는 것이 어렵다고 판단했기 때문에 지속적이고 점차적인 방식으로 변화시키면서 서로 간에 이해를 하는 시간을 준 것이다. 사실 인수 초기, 회사 내 문화적 충돌은 곳곳에서 발견되었다. 그 한 예로, 대우자동차를 인수한 직후 닉 라일리 사장은 'Go Fast'라는 개념을 조직에 접목시키고자 하였다. GM DAEWOO의 ISP를 포함한 모든 임원들이 'Go Fast' 교육을 연 2회 이상 참여한다는 옵션을 PMP(인사평가 시스템)에 의무적으로 명시해야 할 만큼 중점적으로 추진되었던 이 교육은 GM의 수평적인 조직문화의 단점인 느린 의사결정을 극복하고자 본사 차원에서 추진하는 혁신운동의 하나였다. 하지만 과거 대우자동차는 수직적 조직문화를 바탕으로 한 '빨리빨리' 문화였기 때문에 직원들에게는 오히려 답답하게 느껴지기도 했다고 한다. 얼마 지나지 않아 GM DAEWOO에서는 'Go Fast'가 필요한 경우에만 적절히 활용되는 교육 프로그램으로 변화되었다.

또 다른 문화적 충돌의 예는 서로 간의 일하는 방법에 대한 불만으로 나타났다. 서양 측 임원들은 문제해결에 있어서의 한국 직원들의 소극성을 비판한 반면에, 한국 측 임원들은 형식적인 절차가 많아 일을 완수하는 데 시간이 걸린다며 GM의 지나친 관료주의 문제를 제기하였다.

서로 간의 불신의 벽을 넘기 위한 시도로서 GM DAEWOO에서는 창립 초기부터 동서양의 최상급 임원 20여 명을 모두 포함하는 임원회의를 통해 문화적 이질감에 대한 솔직한 토의를 추진하였다. 그리고 양쪽 문화의 장점만을 취하는 상생전략을 수립하는 데 힘썼다.

또한 GM DAEWOO 초기에는 'Common Leadership'이라는 시스템을 운영했는데, 이는 GM 본사에서 임명된 외국인 임원과 대우자동차의 한국인 임원을 한 부서에 배치하여 두 임원의 협조하에 부서가 공동 운영될 수 있도록 한 '2개국 연합팀' 시스템이다. 인수 초기 이른바 '점령군'으로서 고위직을 GM 인력으로 채우기보다는, 신망받는 대우자동차의 임원이 정상화를 위해 함께 협력하도록 하는 이 시스템을 통해 GM 본사는 자신이 의도하는 방향으로 조직을 통합, 개편하되 기존의 대우자동차의 문화와 충돌하는 것을 최소화하였다. 그리고 조직의 통합이 어느 정도 안정적으로 이뤄졌다고 생각된 이후부터는 업무 효율성을 높이기 위해 이러한 방식을 버리고 단독 임원체제로 변화하게 되었다.

인수 초기 한국 문화에 대한 이해가 높지 않았던 GM은 이와 같은 경험을 통해, GM의 방식을 무조건적으로 앞세우기보다 신중한 접근이 중요하다는 것을 일찌감치 깨닫게 되었다. 이후 GM DAEWOO에서는 적어도 인사문제나 문화 관련 이슈에 대해서는, 한국 및 대우자동차에 대한 사회·문화적 이해를 바탕으로 임직원의 공감대를 형성하며 지속적이고 점진적인 방식의 참여와 통합을 유도하려 했는데 그 대표적인 내용들을 찾아보면 다음과 같다.

GM의 인수 직후 상당수의 직원들은 세계 1위 기업인 GM으로부터 일정한 경제적 지원을 받을 수 있을 것이라는 기대를 갖고 있었다. 즉 동업계 평균에서 적게는 18%, 많게는 40%나 뒤처진 자신들의 월급이나 수당을 한꺼번에 업계 평균 수준까지 끌어올려줄 것을 내심 바라고 있었다. 당시 전세계적인 구조조정을 앞두고 있던 GM의 넉넉지 않은 상황과 더불어 독자적인 수익성 창출능력이야말로 GM DAEWOO의 생존조건임을 잘 알고 있던 닉 라일리는, 직원들의 지나친 기대감을 낮추면서도 열의와 자신감을 잃지 않도록 묘안을 짜내야 했다. 그는 모든 직원들이 최선을 다해 성과를 낸다면 월급이 향후 3년 내에 동업계 평균 수준까지 올라갈 것임을 제시하였다. 그리고 매년 회사 성과를 솔직히 공개함으로써 직원들 스스로 경영진과 함께 회사를 다시 세우는 파트너라고 인식하게끔 이끌었다. 실제로 업계 평균의 목표까지 도달하는 데에는 3년 6개월이 걸렸다. 그러나 아무도 미래를 확신할 수 없었던 상황에서 '업계 평균 급여'라는 구체적이고도 현실적인 목표는 하나의 신념이자 약속이 되어 회사를 정상화시키기 위한 전 임직원의 열정을 이끌어내는 방향점으로 작용하였다.

대우자동차의 구조조정 과정에서 강제로 내쫓긴 정리해고자에 대한 전원 복직 약속 또한 GM DAEWOO 임직원들이 어떻게든 이뤄내야 할 숙명적인 과제가 되어 노력과 헌신을 이끌어내는 원동력이 되었다. 너무나도 갑작스럽게 내몰린 해고자들은 IMF의 한파가 몰아치는 가운데 거의 대부분 마땅히 일할 곳을 찾을 수 없었고 배신감과 더불어 힘겨운 경제적 고통을 겪어야만 했다. 이들의 고통을 함께 느끼던 GM DAEWOO의 임직원들은 헤어진 가족을 찾듯 비장한 각오로 회사의 정상화에 매달렸고, 회사가 성장함에 따라 복직하는 동료들을 맞으며 가슴 벅찬 자긍심을 느낄 수 있었다.

인사문제에 관한 한 진지하고 조심스러운 GM DAEWOO의 접근방식은 경영진에 대한 직원들의 신뢰를 구축하는 데 큰 역할을 했으며, 성공적인 노사협력을 이끌어내는 기반이 되기도 했다. 국내의 타 기업에 비해서뿐만 아니라, GM의 글로벌 네트워크 속에서도 가장 모범적인 노사관계로 손꼽히는 GM DAEWOO는, 아이러니하게도 인수시점 이전까지는 과격하고 급진적인 것으로 악명 높았던 강성노조 사업장이었다. 대우자동차를 인수하면서 GM은 이러한 노사문제에 대한 고민이 적지 않았다. 구체적으로는 한국의 완고한 전투적 노조들이 임금이나 근무시간, 근무조건과 같은 일반적 현안들을 뛰어넘어 국가 정치적 이슈나 회사 운영방식에까지 관여한다는 점에서 GM의 우려가 컸다. 특히 글로벌 수준에서 이해할 수 없는 '노조의 경영권 침해'와 같은 문제는 중요한 이슈가 되었다. 예를 들어, 공장을 이전할 때 노조의 찬성을 얻어야 한다는 노조 측의 주장은 GM의 입장에서 보면 노사 간 '협의'의 수준을 넘어서 '경영권 침해' 수준이 될 수도 있는 것이었다. GM의 우려는 대우자동차 생산의 핵심이자 노조활동의 본산인 부평공장을 최종 인수대상에서 제외하는 결과를 낳았다. 그러나 GM은 이것이 극단적인 선택이 아님을 강조하면서 향후 공장을 인수하기 위한 4대 조건[6]을 제시했고, 이에 화답하여 GM DAEWOO 노조는 이전까지의 대결적인 구도에서 과감히 벗어나 협력과 상생의 노력을 통해 인수조건의 조기 충족을 위해 앞장섰다. 2005년 4대 조건이 완수되고 부평공장이 완전히 통합되기까지 채 3년이 걸리지 않았다. 예상보다 3년 이상 앞당겨진 부평공장의 통합은 GM DAEWOO 노사의 신뢰와 협력이 이루어낸 중요한 성공사례가 되었고, 뒤이어 정리해고자 전원 복직이라는 또 하나의 성공사례로 이어지는 기반이 되었다.

4 GM DAEWOO의 경영 성과

GM DAEWOO의 통합이 추진되면서 여러 측면에서 가시적인 성과가 나타났다. 연간 자동차 판매량은 매년 비약적으로 증가해 2007년에는 188만 6,000대를 넘어섬으로써, 인수되던 해인 2002년의 41만 2,000대에서 4.5배 이상 성장하였다.

판매량의 증대를 견인한 것은 GM의 글로벌 판매망을 이용한 수출로서 2007년 기준 전체 판매량의 90%를 넘어서고 있으며, 전 세계 6개 대륙 150여 개국에 완성차 또는 CKD의 형태로 수출되어 Chevrolet, Buick, Pontiac, Suzuki, Holden 등 세계 유수의 GM 브랜드로 판매되고 있다. GM DAEWOO의 수출성과는 GM DAEWOO 생산 차량의 높은 상품성을 기반으로 하고 있다. 2003년 '마티즈'(중국 현지 수출명 '스파크'), '라세티'(인도 현지 수출명 '옵트라')는 각각 중국과 인도 시장에서 '올해 최고의 차'로 선

6) ① 품질 수준이 전반적인 GM 수준과 동일할 것, ② 생산성과 비용절감이 적정한 수준을 충족시킬 것, ③ 노사평화를 붕괴시키지 말 것, ④ 생산 수요가 공장 2교대 가동에 다다를 것 등이다(Reilly, 2007).

〈그림 II-4〉 준중형차 라세티의 글로벌 생산 및 판매 네트워크 구조(2007)

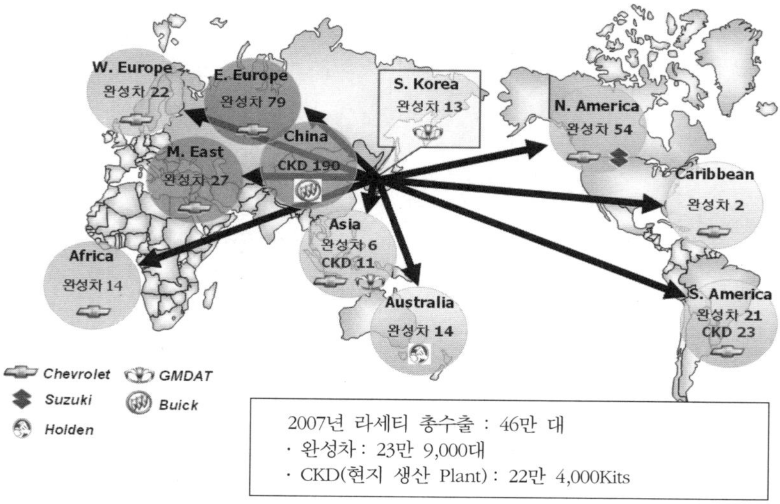

출처 : GM DAEWOO 내부자료 재구성.

정되었으며, 2004년 '칼로스'(미국 현지 수출명 '아베오')는 미국 소형차 시장 판매 1위에 오른 후 18개월 연속 1위를 유지하였다. '칼로스'는 2004년도 국내에서 최다 수출된 차종으로 세계 시장에서 호평을 받는 '월드카'로 당당히 인정받기도 했다. 이후 준중형 세단인 '라세티'가 이를 이어받아 2007년에 22만 4,202대를 수출함으로써 국내 완성차업체 중 가장 많이 수출된 차 1위로 기록되었으며, 2007년 인도 J.D. 파워 초기 품질 조사에서도 1위를 차지하는 등 명실상부한 '월드카'의 명성을 유지하고 있다.

내수시장에서는 인수 초기 강력한 경쟁자인 현대 · 기아 자동차의 공세와 대우자동차로부터 비롯된 부정적 기업 이미지 등으로 인해 연간 판매량이 10만 대 수준까지 급락했었지만, 2005년 경차 '마티즈II', 소형차 '젠트라', 대형 고급 세단 '스테이츠맨' 등 신차 출시와 함께 반전되어 꾸준히 증대되는 모습을 보이고 있다. 2006년에는 스포츠카 'G2X', 프리미엄 중형 세단 '토스카'와 GM DAEWOO의 첫 SUV '윈스톰'을 출시해 내수시장에서 이른바 제품 풀 라인업을 갖춘 경쟁력 있는 종합자동차회사의 면모를 갖추

〈표 II-2〉 GM DAEWOO의 제품 라인업 및 판매실적(완성차, 2007)

구분		제품 라인업		판매실적(대)
내수	승용	경 형	마티즈II	53,793
		소 형	칼로스 + 젠트라	3,303
		준중형	라세티	13,215
		중 형	토스카	25,487
		대 형	스테이츠맨	9
		스포츠	G2X	44
		소계		95,851
	RV	윈스톰		28,738
		레조		2,335
		소계		31,073
	경상용	다마스		3,112
		라보		506
		소계		3,618
	총계			130,542
수출	승용	경형		127,777
		소형		294,138
		준중형		225,671
		중대형		37,833
		소계		685,419
	RV			141,858
	경상용			2,367
	총계			829,644

주 : 2007년도 CKD 수출 926,466대.
출처 : GM DAEWOO 내부자료 재구성.

게 되었다. 2007년 말 현재 GM DAEWOO는 '토스카'와 '윈스톰'의 인기를 통해 긍정적 기업 이미지로의 변화를 조금씩 실감하고 있으며, 2008년 말부터 계속되는 '차세대 자동차' 시리즈의 출시와 함께 내수시장에서의 극적인 성장이 가능할 것으로 기대하고 있다.

한편 인수 이후 그 역량을 인정받은 기술 및 디자인 부문은 집중적인 투자가 지속되면서 더욱 발전하는 모습을 보이고 있는데, 2006년 전 세계 GM의 글로벌 경차 프로그램을 위한 아키텍처 개발 본부로 선정되었고, 곧이어 소형차 부문까지 담당하게 됨으로써 GM 그룹 내에서도 선도적인 입지를 다지게 되었다. 또한 엔진과 변속기 등 자동차의 핵심 부분을 일컫는 파워트레인 부문에서 획기적 성과를 이루어냈는데, 2006년 군산공장에서 양산을 시작한 유로 IV 기준의 2.0리터급 친환경 디젤엔진과 2007년 보령공장에서 양산되기 시작한 전륜구동형 6단 자동변속기가 그것이다. 이들 성과는 고용창출 효과는 물론 국내 자동차 기술수준을 한 단계 끌어올렸다는 평가를 받고 있다. 이 밖에도 2006년 가동된 인천의 대규모 'KD(Knock Down) 센터'를 통해 연간 총 140만여 대까지 KD 부품 포장 및 수출이 가능해졌으며, 2007년 최첨단 주행시험장과 연구・개발 시설을 갖춘 '청라테크센터'가 문을 여는 등 보다 향상된 기술 및 생산 관련 역량을 구축하기 위한 GM DAEWOO의 투자와 노력이 지속되고 있다.

GM DAEWOO는 회사 출범 이후 조직을 새롭게 정비하고 전 분야에 걸쳐 GM의 글로벌 시스템과 제도를 접목, 새롭고 선진적인 기업 문화를 창출하고 있다고 평가된다. 특히 개방적이고 투명한 기업문화와 임직원들의 글로벌화 등이 선진적 변화의 하나로 손꼽힌다. GM DAEWOO는 회사 출범 이후 매년 대규모 파업 없이 원만히 교섭을 마무리 지었으며, 대화와 타협을 통해 문제를 해결함으로써 노사 상생의 문화를 구축했다는 평가를 받고 있기도 하다.

GM DAEWOO는 기업으로서의 사회적 책임도 적극적으로 실천하고 있다. 2005년 정식 발족된 'GM DAEWOO 한마음재단' 및 'GM DAEWOO 사회봉사단'은 장애인, 독거노인 등 소외된 이웃에 대한 무료 급식 및 진료, 저소득층 건강보험료 지원, 주택수리사업, 지역 불우학생을 위한 멘토링 및 학습지도 프로그램 등을 통해 GM DAEWOO 임직원의 능동적 참여를 바탕으로 한 체계적인 재정지원 및 봉사활동을 수행하고 있다. 이와 더불어 GM DAEWOO는 미래 자동차산업을 이끌어갈 과학 영재 육성을 위해 '오토사이언스 캠프'를 후원하고 있으며, 국내 대학을 대상으로 GM그룹과 세계적인 IT 기업이 참여하는 글로벌 산학 프로그램인 'PACE(Partners for the Advancement of Collaborative Engineering Education)'를 운영하고 있다.

5 GM DAEWOO의 미래 과제

2006년 8월 GM DAEWOO의 두 번째 CEO로서 공식 부임하던 마이클 그리말디(Michael A. Grimaldi)는 세계에서 가장 급성장하고 있는 자동차회사의 경영을 책임지게 된 흥분과 기대감을 감출 수 없었다. 하지만 곧 그는 최고경영자로서 넘치는 의욕을 앞세우기보다는 신중하고 사려 깊은 이해와 판단이 먼저임을 깨닫게 되었다. 30년 동안 GM에 몸담으면서 기획, 재무, 생산, 제품개발, 마케팅, 판매 등 다양한 부문의 경험을 쌓아왔으며, 항상 새로운 모험을 즐겨온 그였지만 GM DAEWOO로의 부임은 다소 갑작스러운 것이었고, 주로 북미에서 지내온 그에게 문화적 측면에서도 다분히 낯선 곳이었기 때문이다.

부임 초기 그리말디는 먼저 각 공장과 연구소, 디자인센터 등을 순회하고 임직원들을 만나 경영철학을 공유하는 한편, 제품과 업무 현황에 대해 파악하는 시간을 가졌다. 이후 신임 사장으로서 제시한 GM DAEWOO의 장기 비전과 전략은 이전에 비해 각 항목이 조금씩 업그레이드되었지만 전체적인 구성의 틀을 유지하도록 하였다. 그 후 1년여 동안 그리말디는 GM DAEWOO가 글로벌 선도기업으로 도약하기 위해 풀어내야 할 과제가 무엇인지, 어떻게 그 성과를 이루어낼 것인지 찾아내려 애썼다. 한국 직원들의 근면함과 성공을 향한 강한 열정은 GM DAEWOO가 오늘에 이르기까지의 성장의 원동력이 되었음은 분명했다. 그러나 그리말디는 GM DAEWOO가 이제 정상화를 넘어서 새로운 도약을 꿈꿔야 할 시점으로 판단하고 있었고, 이를 위해서 반드시 극복해야 할 몇몇 과제들이 드러나고 있었다.

우선 GM DAEWOO의 기업 이미지에 대한 새로운 혁신이 필요한 것으로 판단되었다. 기업파산이라는 밑바닥에서 생존의 위기감을 절감하며 뼈를 깎는 노력을 쏟아 부은 지 5년여, 이제 GM DAEWOO는 거의 전 부문에서의 정상화를 성공적으로 마쳤다. 하지만 여기서 만족하고 있을 수는 없었다. 진정한 싸움은 이제부터이며, 새로운 모습과 각오로 새로운 희망을 향해 나아가야 할 것이다. 세계 1위의 GM 글로벌 네트워크라는 날개를 달고서 자동차 디자인, 품질, 고객가치 부문의 글로벌 리더로 부상하길 꿈꾸는 GM DAEWOO는 과연 어떤 모습으로의 혁신을 지향해야 할 것인가? 그리말디의 고민은 쉽게 결론이 나지 않았다. 그러나 GM DAEWOO가 새로운 도약의 전환점에 이르렀음을 확신하는 그리말디에게는 무엇보다 중요한 과제가 아닐 수 없었다. 기업 이미지의 혁신은 또한 상대적으로 부진한 내수시장에서의 분위기를 반전시키는 데에도 큰 몫을 할 것으로 기대되었다.

최고의 기업 이미지는 반드시 최고의 경쟁력으로 뒷받침되어야 한다. GM DAEWOO의 제품 개발 능력은 이미 상당 수준에 도달해 있지만, GM의 글로벌 네트워크와의 시너지를 이끌어내기 위해서는 약간의 시간이 더 필요하다. 2008년 말부터 출시가 계속되고 있는 '차세대 자동차' 시리즈는 이러한 유기적 결합을 통해 탄생되는 야심작이므로, 내수시장의 강력한 경쟁자와도 유감없이 승부를 걸 최고의 경쟁무기가 될 수 있도록 최선의 노력을 기울여야 한다. 생산 부문에 있어서 GMS의 추진을 더욱 가속화시키는 것도 중요하다. 전 세계 GM 공장을 대상으로 실시한 진단평가인 'GMS Calibration'에서 GM DAEWOO는 GMAP(GM Asia Pacific) 공장 중 최상위권으로 평가되었다. 그러나 GM DAEWOO의 목표는 그보다 더 높은 곳을 지향하고 있다. 이를 위해 가장 중점을 두어야 할 부분은 품질이다. 최고 수준의 품질을 통해 고객의 만족과 열광을 이끌어내야 한다. 그런데 품질 개선에 있어서는 효율성을 어떻게 높일 수 있느냐 또한 중요하다. 품질은 품질 부서의 노력만으로 되는 것이 아니라 생산 부문을 비롯한 연구소, 구매, 디자인 등 전사적인 노력이 요구되므로 부문 간의 긴밀한 협조가 필요하며 이를 조정하기가 쉽지 않다. 예를 들어, 품질 문제에 대해서는 각 부품의 결합 현상을 정확히 알아야 하고, 적용된 모든 작업이 요구하는 수준

대로 잘 이루어졌는지 등을 정확히 모니터링한 후 연구소로 보내어 설계를 검토하는 등 수많은 단계를 거쳐야 하므로, 이 단계를 어떻게 효율적으로 운영하는가 하는 점이 매우 중요하다. 이와 관련하여 그리말디는 우연히 듣게 된 부서 간 커뮤니케이션 변화에 대한 우려의 목소리를 떠올렸다.

> 현재 GM DAEWOO의 조직구조는 GM 본사와 대응되는 이른바 매트릭스 조직이기 때문에 대우자동차 때와 비교하여 업무방식이 크게 바뀌었다. 대우자동차는 통합적, 멀티플레이적 성격을 가지고 있었기 때문에 각 부서는 자신이 맡은 역할 이외에도 다양한 활동을 수행해야 했다. 하지만 GM DAEWOO에서 각 부서는 각기 담당한 역할에만 충실하면 되고, 부서 안에서도 직급마다 해야 할 일만 마치면 문제가 되지 않는 분위기가 조성되었다. 예를 들어, 예전에는 한 프로젝트를 수행할 때, 모든 부서가 같이 모여서 해결했는데 현재는 부서 간에 서로가 서로에게 요구하는 사항을 일방적으로 전달하는, 그것도 E-mail로 툭 던지고 마는 방식으로 변화하게 되면서 부서 간 장벽이 있는 것처럼 느껴지게 되었다. 이런 방식으로 부서끼리 이질감을 느끼는 현상이 계속될 경우, 업무처리에 혼돈이 생길 수 있다.

여기까지 생각이 미치자 그리말디는 마케팅·영업, 디자인, 기술, 생산에서의 경쟁력 제고 못지않게 중요한 또 다른 과제가 남아 있음을 느꼈다. 바로 최고 기업에 걸맞은 최고의 조직역량을 키워내는 것이다. GM DAEWOO가 출범하면서 조직문화에 많은 변화가 나타났다. 통합 과정에서 임직원들은 기업회생을 위한 절박한 마음으로 GM의 글로벌 스탠더드를 적극적으로 흡수했고, 일정 부분에서는 본사에서도 놀랄 만큼 더욱 철저히 받아들여 GM 전체를 통틀어 모범사례가 되기도 했다. 그러나 통합 과정이 온전히 'GM화'로만 이루어진 것은 아니다. 한국이나 대우자동차의 문화로부터 얻어낼 수 있는 많은 장점들이 발견되었다. 두 문화의 단점을 보완하고 장점을 배가시켜 시너지를 끌어낸다면 그야말로 최고의 경쟁력 있는 조직역량을 구축하게 될 것이다. 문제는 그것이 과연 가능한 것인지, 어떤 방법으로 나타나게 될 것인지 하는 점이었다. 그는 얼마 전 GM DAEWOO 기술연구소의 리더인 클라크(Steven Lee Clarke) 부사장에게서 들은 이야기가 생각났다.

GM DAEWOO 기술연구소는 GM의 소형차와 경차 아키텍처 개발을 총책임지고 있어서 세계 각국의 개발자들과 수많은 기술적 요소들에 대해 난상토론을 벌이는 Conference call이 일상화되어 있다. 그런데 비록 유창한 영어를 구사하지는 못하는 경우가 많지만, GM DAEWOO의 기술인력들은 매우 정확하고, 핵심적인 의견을 제시하는 것으로 정평이 나 있다고 한다. 그래서 GM DAEWOO 기술진이 얘기를 시작하면, GM의 글로벌 조직 전체가 귀를 기울이고 한마디 한마디를 이해하려 애쓴다는 것이다. 어차피 GM내에는 세계의 문화가 섞여있다. 문화 통합은 이처럼 경쟁력을 바탕으로 서로가 노력할 때 자연스럽게 이뤄지는 것이 아닌가.

그리말디는 GM DAEWOO가 그저 평범한 GM 계열사의 하나가 되지는 않을 것으로 믿는다. 비록 GM의 네트워크에 속해 있지만, GM DAEWOO는 GM 전체를 선도할 수 있는 잠재력을 갖고 있음을 확신하고 있다. 그는 그 잠재력의 원천이 GM DAEWOO가 GM과 대우자동차의 장점을 결합하여 독창적이고 경쟁력 있는 조직역량을 키워내는 것으로부터 이미 출발되었으며, 이제 서서히 그 모습이 구체화되어 나타나고 있다고 본다. 과연 GM DAEWOO가 비상의 날개를 펴고 힘차게 도약하는 날은 언제가 될 것인가?

2008년 1월 30일, GM DAEWOO 부평공장 홍보관에서는 전 임원 및 팀장이 참석한 가운데 새 슬로건 및 CI(Corporate Identity) 선포식을 가졌다. 새 슬로건 'New Ways, Always'는 모든 영역에서 새로움을 추구하고 이를 지속적으로 실행하는 기업이 되겠다는 선언으로서, GM DAEWOO의 비전과 전략을 형상화한 전통 한옥 그림에 현판으로 덧붙여졌다.

한편 새 CI인 '보다 나은 미래를 향한 독창적, 능동적 도전'은 '창의적인(Creative)', '능동적인(Courageous)', '헌신적인(Committed)'이라는 세 가지 핵심 키워드로 구성되어, 각각 새롭고 더 나은 창의적 사고, 과감한 시도와 굳건한 의지, 최고가 되려는 열정적 행동을 의미하고 있다. GM DAEWOO는 새롭게 제정된 슬로건과 CI를 통해 기업 내부적으로는 구성원들 사이에 동질감과 소속감, 애사심을 강화하여 경쟁력 있는 기업문화를 형성하며, 대외적으로는 경쟁사와 차별된 혁신적인 GM DAEWOO 이미지를 구축하

〈그림 II-5〉 GM DAEWOO의 비전(2008)

기 위한 첫걸음을 내디뎠다. 회사 출범 이후 지난 5년간 생산 및 판매 급증, 흑자 실현 등 괄목할 만한 양적 성장을 이루어냈다면, 이제부터 GM DAEWOO는 새 슬로건과 CI의 정신을 바탕으로 회사의 질적 성장을 이끌어 더욱 경쟁력 있는 기업문화와 차별적 기업 이미지를 구축하는 등 글로벌 리더로 도약할 것으로 기대된다.

제 III 장

XYZ 은행과 ABC 상사의 장외파생상품거래*

XYZ 은행 파생상품팀의 김 과장은 외환파생상품거래의 책임자로, 본점과 지방의 각 지점으로부터 올라오는 외환상품계약을 검토하고 해당 계약에 내재된 위험을 관리하는 것이 주요 업무이다. 2004년 8월 30일에 인천지점으로부터 ABC상사와의 장외파생상품계약 체결을 보고받은 김 과장은 평상시와 다름없이 손익구조를 분석하고 그에 상응하는 헤지거래를 완료하였다. 하지만 2004년 11월 26일 ABC 상사로부터 갑작스런 계약해지 통보를 전해들은 김 과장은 매우 난처한 상황에 처하게 되었다. 법무팀으로부터 해당 계약에 대한 전반적인 검토와 함께 이에 대한 대응방안 보고서를 제출하라는 업무지시가 내려왔다. 파생상품 전공인 김 과장에게 ABC 상사와 체결한 계약은 복잡한 내용은 아니었으나, 파생상품에 대한 이해가 부족한

* XYZ은행과 ABC상사의 장외파생상품거래 본 사례 작성에 필요한 자료제공 및 내용 검토에 도움을 주신 두 회사의 관계자 분들께 감사드린다. 본 사례는 양 회사의 요청에 의해 익명으로 작성되었다.

법무팀을 위해 최대한 상세한 보고서를 작성하기로 했다.

1 XYZ 은행과 ABC 상사의 장외통화파생상품계약

1) 최초거래 : ABC 상사의 통화파생상품시장 참여

ABC 상사는 무역업을 위주로 하는 해운회사로서 달러가 거래대금의 많은 부분을 차지한다. 향후 환율의 상승을 예상한 ABC 상사는 환율상승으로 인한 손실을 회피하기 위해 2004년 8월 30일 XYZ 은행 인천지점을 방문하였다. 상호 간에 체결한 통화파생상품계약은 다음과 같으며, 계약 체결 시 수수료를 지불하지는 않았다.

〈XYZ 은행과 ABC 상사 간 통화파생상품계약〉

[계약 1] 2005년 3월부터 2006년 2월까지 매월 말에 환율이 1,175원/달러 이상일 경우 ABC 상사는 실제 환율에서 1,175원/달러를 차감한 금액만큼 XYZ 은행에게 지불한다. 해당 계약금액은 100만 달러이다.

[계약 2] 2005년 3월부터 2006년 2월까지 매월 말에 환율이 1,135원/달러 이상일 경우 XYZ 은행은 실제 환율에서 1,135원/달러를 차감한 금액만큼 ABC 상사에게 지불한다. 해당 계약금액은 100만 달러이다.

[계약 3] 2005년 3월부터 2006년 2월까지 매월 말에 환율이 1,135원/달러 이하일 경우, ABC 상사는 1,135원/달러에서 실제 환율을 차감한 금액만큼 XYZ 은행에게 지불한다. 해당 계약금액은 150만 달러이다.

〈표 III-1〉 XYZ 은행과 ABC 상사 간의 통화파생상품계약 내용

<table>
<tr><th>구분</th><th>기준가격(원/달러)</th><th>계약금액(만 달러)</th><th>만기일</th></tr>
<tr><td>계약 1</td><td>1,175</td><td>100</td><td rowspan="3">2005년 3월 말
2005년 4월 말
2005년 5월 말
2005년 6월 말
2005년 7월 말
2005년 8월 말
2005년 9월 말
2005년 10월 말
2005년 11월 말
2005년 12월 말
2006년 1월 말
2006년 2월 말</td></tr>
<tr><td>계약 2</td><td>1,135</td><td>100</td></tr>
<tr><td>계약 3</td><td>1,135</td><td>150</td></tr>
</table>

3월 29일의 환율이 1,195원/달러라고 가정하고 XYZ 은행과 ABC 상사 간의 계약을 살펴보면 다음과 같다. [계약 1]에 의하면 ABC 상사는 XYZ 은행에 2,000만 원(20원/달러×100만 달러)을 지불하고, [계약 2]에 의하면 XYZ 은행은 ABC 상사에게 6,000만 원(60원/달러×100만 달러)을 지불한다. [계약 3]에서는 환율이 1,135원 이상이므로 거래가 발생하지 않는다. 이러한 상호 간의 거래는 2005년 3월부터 2006년 2월까지 매월 말 총 12개월 동안 월말 기준 환율에 따라 그 금액 및 실행 여부가 결정된다. 김 과장은 XYZ 은행과 ABC 상사 간 장외파생상품계약 내용을 〈표 III-1〉과 같이 요약하였다.

2) 헤지거래 : XYZ 은행의 통화파생상품시장 참여

인천지점으로부터 ABC 상사와의 계약에 관한 사항을 보고받은 김 과장은 XYZ 은행의 입장에서 계약의 성격을 〈표 III-2〉와 같이 해석하였다.

〈표 III-2〉에 의하면 김 과장은 XYZ 은행이 ABC 상사와의 계약을 통해 통화콜옵션 매입 포지션과 매도 포지션, 그리고 통화풋옵션의 매입 포지션을 취하고 있는 것으로 해석하였다. 김 과장은 ABC 상사와의 통화파생상품계약으로 인해 환율변화에 따른 위험을 헤지할 수 있는 헤지전략을 수립하

〈표 III-2〉 XYZ 은행 입장에서 살펴본 ABC 상사와의 장외파생상품계약 내용

<table>
<tr><th>구분</th><th>거래의 성격</th><th>행사가격
(원/달러)</th><th>1계약당 계약금액
(만 달러)</th><th>만기일</th></tr>
<tr><td>계약 1</td><td>콜옵션 매입</td><td>1,175</td><td>100</td><td rowspan="3">2005년 3월 말
2005년 4월 말
2005년 5월 말
2005년 6월 말
2005년 7월 말
2005년 8월 말
2005년 9월 말
2005년 10월 말
2005년 11월 말
2005년 12월 말
2006년 1월 말
2006년 2월 말</td></tr>
<tr><td>계약 2</td><td>콜옵션 매도</td><td>1,135</td><td>100</td></tr>
<tr><td>계약 3</td><td>풋옵션 매입</td><td>1,135</td><td>150</td></tr>
</table>

〈표 III-3〉 XYZ 은행의 헤지거래 체결 내용(2004. 8. 31)

거래내용	인도가격/행사가격(원/달러)	계약금액(만 달러)	만기일
선물환 매입	1,158.45	900	2004. 12. 1
풋옵션 매도	1,112.20	500	2004. 2. 25
풋옵션 매도	1,120.90	500	2004. 2. 25
콜옵션 매도	1,202.00	500	2004. 2. 25
콜옵션 매도	1,215.75	500	2004. 2. 25

고, 파생상품팀을 통해 헤지거래를 즉시 실행하였다. 김 과장이 실행한 헤지거래 체결 내용은 〈표 III-3〉과 같다. 헤지거래에서 김 과장은 하나의 선물환계약에서 매입 포지션을 취하고, 4개의 옵션계약에서는 매도 포지션을 취하였다.

2 (통화) 파생상품의 이해[1)]

XYZ 은행과 ABC 은행 간에 이루어진 통화파생상품거래를 최초거래와 헤지거래로 구분하여 정리한 김 과장은 통화파생상품거래와 관련된 핵심 개념을 다음과 같이 정리하였다.

1) 선도거래

'선도거래(Forward Transactions)'는 두 거래당사자가 미래의 특정 시점에 특정 자산을 미리 정해진 가격에 거래하기로 현시점에서 결정된 계약을 말한다. 여기서 두 거래당사자란 매입자와 매도자를, 특정 시점은 선도계약의 만기시점을, 특정 자산은 기초자산을 말한다. 미리 약정한 가격을 선도거래에서는 선도가격이라 부른다. 선도거래는 거래당사자들만 합의한다면 어떠한 상품에 대해서도 성립할 수 있으며, 원칙적으로 거래당사자 간에만 그 효력을 갖는다. 선도거래에서는 두 거래당사자가 계약을 반드시 이행할 의무가 있지만, 법률적으로 규제나 계약이 표준화되어 있지 않기 때문에 실제로는 계약 불이행의 위험이 뒤따른다.

2) 선물거래

'선물거래(Futures Transactions)'는 거래 내용과 조건을 표준화하여 시장성을 높인 선도거래라고 할 수 있다. 선물시장에서는 다수의 수요자와 공급자가 선물거래소라는 일정한 장소에서 만나 거래를 하며, 거래의 대상이 되는 기초자산의 품질과 규격, 그리고 거래조건이 표준화되어 있다. 이처럼 표준화된 상품과 표준화된 거래조건을 가지고 조직화된 시장에서 거래가 이루어지는 선도거래를 선물거래라고 한다. 선물가격은 아래와 같은 식

1) 이 절의 내용은 박정식 · 박종원 · 조재호의 『현대재무관리』와 Hull의 *Option, Future & Other Derivative*를 참조하였음.

으로 결정된다.

$$F_0 = S_0(1+r_f)^T$$

선물거래의 매입자와 매도자는 만기일의 현물가격이 어떻게 변하든지 간에 약정된 선물가격으로 거래를 이행할 의무를 갖는다. 미래가격의 변화에 따라 두 거래당사자는 이익을 볼 수도 있고 손해를 볼 수도 있다. 현시점에서 기초자산의 미래가격은 불확실하므로 매입자와 매도자 중 어느 쪽이 이익을 보고 어느 쪽이 손해를 입을지 모른다. 따라서 매입자나 매도자 모두 상대방에게 계약이행에 대한 대가를 치를 필요가 없다. 즉 최초 거래시점에서 선물계약의 가치는 '0'이다. 선물가격은 만기일에 기초자산을 거래하기로 약속한 가격을 나타내는 것이지, 선물계약의 가치를 의미하는 것이 아니다.

3) 옵션

'옵션(Options)'이란 미리 정해진 가격으로 정해진 기간에 특정 자산을 사거나 팔 수 있는 권리가 부여된 증권이다. 옵션은 거래해야 할 의무가 아니라 거래할 수 있는 권리이기 때문에 옵션 소유자(또는 옵션 매입자)는 언제든지 그 권리를 포기할 수 있다. 옵션 관련된 주요 개념은 다음과 같다.

(1) 기초자산

옵션은 이미 존재하는 증권의 가격에 따라 수익이 결정되는 조건부청구권(Contingent Claim)이다. 이때 옵션의 근간이 되는 증권을 '기초자산(Underlying Asset)' 또는 '기초증권'이라 부른다.

(2) 콜옵션과 풋옵션

증권을 사고파는 것과 같이 기초증권을 살 수 있는 권리와 팔 수 있는 권리로 구분할 수 있다. 미리 약속한 증권을 정해진 기간에 정해진 가격으로 살 수 있는 권리가 부여된 증권을 '콜옵션(Call Option)', 팔 수 있는 권리가 부여된 증권을 '풋옵션(Put Option)'이라 한다. 콜옵션 거래 시 콜옵션의 소유자는 주식을 살 권리가 있으며, 콜옵션 발행자(또는 옵션 매도자)는 주식을 팔아야 할 의무가 있다.

(3) 만기

옵션을 거래할 수 있도록 정해진 기간을 옵션 '만기(Maturity or Expiration Date)'라 한다. 옵션 만기일 이전에는 언제라도 권리를 행사할 수 있는 '미국식 옵션(American Option)'과 미리 정해진 만기일 단 하루에만 권리를 행사할 수 있는 '유럽식 옵션(European Option)'으로 구분할 수 있다.

(4) 행사가격

옵션거래에서는 기초증권을 사거나 파는 가격이 미리 정해져 있다. 이 가격을 옵션의 '행사가격(Exercise Price or Strike Price)'이라 한다.

(5) 옵션 프리미엄

옵션 매입자는 옵션 매도자로부터 거래할 권리를 부여받기 때문에 옵션 계약 시점에서 권리에 대한 대가를 치러야 한다. 즉 계약비용이 '0'인 선물거래에서와는 달리 옵션의 계약비용은 양(+)이어야 한다. 이러한 계약비용을 '옵션가격(Option Price)' 또는 '옵션 프리미엄(Option Premium)'이라고 부른다.

4) 옵션가격

XYZ 은행과 ABC 상사 간의 통화파생상품계약(최초거래)에 내재된 옵션은 유럽형 옵션이라고 할 수 있다. 따라서 만기시점에만 행사할 수 있다. 기초자산이 주식인 경우를 기반으로 하여 만기시점의 콜옵션과 풋옵션 가치에 대해 살펴본다.

(1) 콜옵션

'콜옵션(Call Option)'은 옵션 소유자가 미리 정해진 기간 동안에 정해진 가격으로 특정 주식을 살 수 있는 권리이다. 옵션 소유자는 자기에게 유리한 경우에만 옵션을 행사하고 불리한 경우에는 옵션을 행사하지 않는다.

콜옵션은 만기일에 주식의 가격이 높을수록 옵션 소유자에게 유리하다. 왜냐하면 만기일에 주식의 가격이 행사가격보다 높을 경우 옵션 소유자는 시장에서 거래되는 주식을 현재가격 대신 미리 정해진 싼 행사가격으로 살 수 있기 때문이다. 반대로 행사가격에 비하여 시장가격이 낮을 경우 옵션 소유자는 권리를 행사하지 않게 되어 옵션의 가치는 0이 된다. 만기일에 주식의 시장가치를 S_T, 행사가격을 K라고 하면 만기 시점에서 콜옵션의 가치 C_T는 다음 식으로 나타낼 수 있다.

$$C_T = Max[0, (S_T - K)]$$

콜옵션 소유자 입장에서는 만기일의 주식의 가격이 행사가격보다 높으면 이 콜옵션의 가치는 $(S_T - K)$가 되고, 만기일의 주식의 가격이 행사가격보다 낮으면 이 콜옵션의 가치는 '0'이다. 콜옵션을 판 사람의 만기일의 수익형태는 콜옵션을 산 사람의 경우와 반대가 된다. 즉 옵션거래는 '0의 게임(Zero-Sum Game)'이다.

(2) 풋옵션

'풋옵션(Put Option)'은 옵션 소유자가 미리 정해진 기간 동안에 정해진 가격으로 특정 주식을 팔 수 있는 권리이다. 따라서 풋옵션 소유자는 주식의 가격이 낮을수록 유리하다. 시장에서 싸게 거래되는 주식을 풋옵션의 행사를 통해 비싸게 팔 수 있기 때문이다. 만기에 주식의 가격이 행사가격보다 높을 경우 풋옵션 소유자는 옵션을 행사하지 않을 것이므로, 이때 옵션 가치는 '0'이다. 따라서 만기 시점에서 풋옵션의 가치 P_T는 다음 식으로 나타낼 수 있다.

$$P_T = Max[0, (K - S_T)]$$

풋옵션 매입자에게 만기일의 주식가격이 행사가격보다 낮으면 이 풋옵션의 가치는 $(K - S_T)$가 되고, 만기일의 주식가격이 행사가격보다 높으면 이 풋옵션의 가치는 '0'이 된다.

5) 옵션가격결정 모형

(1) Black-Scholes 모형

Black-Scholes 옵션가격결정 모형은 이론적으로나 실무적으로 매우 중요한 옵션가격결정 모형이다. Black-Scholes에 의해 도출된 유럽식 콜옵션의 가격결정 모형은 아래와 같다.

$$C = S \cdot N(d_1) - Ke^{-r_f \cdot T} \cdot N(d_2)$$

$$d_1 = \frac{\ln(S/K) + (r_f + \frac{1}{2}\sigma^2)T}{\sigma\sqrt{T}}$$

$$d_2 = d_1 - \sigma\sqrt{T}$$

C: 콜옵션의 가격
S: 주식의 가격
K: 행사가격
r_f: (연속복리)무위험이자율
T: 옵션의 만기(년)
σ: (연속복리)주식수익률의 연간 표준편차
$N(d)$: 표준정규분포의 z=d까지의 누적확률
e =2.71828, 자연로그의 밑수

위 식에서 $N(d)$는 표준정규분포의 z=d에 해당하는 누적확률을 말하는

것이다. 이러한 누적확률은 표준정규분포표를 이용하여 구할 수 있다. Black-Scholes의 콜옵션가격결정 모형은 주식과 무위험채권의 결합을 통해 콜옵션을 합성할 수 있음을 보여준다.

다시 말해 콜옵션의 가격은 현재주가(S), 행사가격(K), 무위험이자율(r_f), 만기까지의 기간(T), 그리고 주식수익률의 분산(σ^2)의 함수이다. 이들 콜옵션가격결정 변수 중 주식수익률의 분산을 제외한 다른 변수들은 옵션계약에 명시되어 있거나 시장에서 관찰할 수 있다. 주식수익률의 분산은 관찰할 수 없으며, Black-Scholes 모형을 이용하는 과정에서 주식수익률의 분산을 추정하는 일은 매우 중요하다.

(2) Black–Scholes–Garman–Kohlhagen 모형

외환옵션의 평가에는 현물환율(S_0) 대신 선물환율(forward exchange rate, F_0)을 사용하는 Black-Scholes-Garman-Kohlhagen 모형을 주로 사용한다. Black-Scholes-Merton 모형에 사용되는 배당률 대신 거래대상 국가의 무위험이자율을 사용한다는 점을 제외하면 두 모형은 수학적으로 동일한 모형이다. Black-Scholes-Garman-Kohlhagen 모형은 유럽형 옵션 평가에 적절한 모형이며, 구체적으로 살펴보면 아래와 같다.

$$c = e^{-rT}[F_0N(d_1) - XN(d_2)]$$

$$p = e^{-rT}[XN(-d_2) - F_0N(-d_1)]$$

여기서 $$d_1 = \frac{\ln(F_0 / X) + (\sigma^2 / 2)T}{\sigma\sqrt{T}}$$

$$d_2 = \frac{\ln(F_0 / X) - (\sigma^2 / 2)T}{\sigma\sqrt{T}} = d_1 - \sigma\sqrt{T}$$

$$F_0 = S_0e^{(r-r_f)T}$$

S_0: 현물환율, F_0: 선물환율, r: 국내이자율,
r_f: 해외이자율, σ^2: 분산(변동성),
T: 만기까지의 기간(단위: 년).

다만, 이 모형의 콜옵션(c)과 풋옵션(p) 및 선물환율(F_0)은 모두 같은 만기(T)를 가지는 계약이어야 한다.

6) 헤지모수(Greek Letters)

XYZ 은행과 ABC 상사 간의 통화파생상품거래를 살펴보면, 최초거래에 대한 헤지거래 실행 시 최초거래와 만기 및 행사가격이 다른 것을 볼 수 있다. 이는 XYZ 은행이 ABC 상사의 필요에 맞춰 계약을 체결했으나, 이에 대한 헤지거래를 위한 상품이 거래되는 파생상품에서는 이와 동일한 상품이 존재하지 않기 때문이다. 만일 파생상품시장에서 최초거래와 동일한 상품이 거래된다면 최초거래의 손익구조와 반대의 포지션을 취함으로써 통화파생상품거래의 위험을 중립화시킬 수 있다. 최초거래와 다른 상품으로 헤지거래를 실행함으로써 XYZ 은행은 추가적인 위험에 노출되며, 헤지모수(Greek Letters)는 이러한 문제를 해결해준다. 각 그릭문자는 옵션 포지션의 위험을 각각의 옵션가격결정요인의 관점에서 측정하여 위험을 적절한 수준에서 유지할 수 있도록 한다.

(1) 옵션 델타

옵션 델타(Δ)는 기초자산의 가격 변화에 대한 옵션가격의 변화로 정의된다. 델타는 옵션가격을 기초자산 가격의 함수로 나타내는 곡선의 기울기를 말한다. 일반적으로 콜옵션의 델타는 다음과 같다.

$$\Delta = \frac{\partial c}{\partial S}$$

옵션 투자자는 옵션 델타만큼 반대의 포지션을 취함으로써 자신의 포지션가치가 기초자산가격의 움직임에 영향을 받지 않도록 할 수 있다. 즉 원래 보유하고 있던 옵션의 델타와 반대의 포지션을 더하여 새로운 포지션의 델타를 '0'으로 만들 수 있다. 이를 '델타중립(Delta-Neutral)'이라 한다. 옵션델타를 이용한 헤지전략을 '델타헤징(Delta Hedging)'이라고 한다. 외환 옵션에서 옵션 델타는 다음과 같이 나타낼 수 있다.

$$\text{콜옵션 델타: } \Delta = e^{r_f T} N(d_1)$$

$$\text{풋옵션 델타: } \Delta = e^{r_f T} [N(d_1) - 1]$$

(2) 옵션 베가

옵션 베가(ν)는 기초자산 변동성의 변화에 대한 옵션가격의 민감도를 나타낸다. 만일 베가의 절댓값이 크고 변동성도 작게 변화하면 옵션의 가치는 높은 민감도를 갖는다. 만일 베가의 절댓값이 작고 변동성도 작게 변화하면 옵션의 가치에 미치는 영향은 비교적 작다. 옵션의 베가는 다음과 같다.

$$\nu = \frac{\partial \Pi}{\partial \sigma}$$

옵션 투자자는 옵션 베가만큼 반대의 포지션을 취함으로써 자신의 포지션가치가 기초자산 변동성의 변화에 영향을 받지 않도록 할 수 있다. 즉 원래 보유하고 있던 옵션의 베가와 반대 포지션의 베가를 더하여 새로운 포지션의 베가를 '0'으로 만들 수 있다. 이를 '베가중립(Vega-Neutral)'이라고 한다. 옵션 베가를 이용한 헤지전략을 '베가헤지(Vega Hedge)'라고 한다. 다만, 베가헤지는 델타헤지를 전제로 이루어지는 헤지전략이다. 외환 옵션에서 옵션 베가는 다음과 같이 나타낼 수 있다.

$$\nu = F_0 \sqrt{T} N'(d_1) e^{-rT}$$

$$\text{여기서 } N'(d_1) = \frac{1}{\sqrt{2\pi}} e^{-\frac{d_1^2}{2}}$$

이 밖에도 기초자산의 가격 변화에 대한 옵션 델타의 변화를 나타내는 옵션 감마(Γ), 시간의 경과에 따른 옵션가치의 변화를 나타내는 옵션 세타(Θ), 이자율의 변화에 대한 옵션가격의 변화를 나타내는 로(ρ) 등의 헤지모수가 있다. 이들 요인들이 옵션가격에 미치는 영향은 크지 않은 것으로 알려져 보고서에서 고려하지는 않기로 하였다.

3 ABC상사의 장외파생상품계약 중도해지

1) ABC상사의 외환통화옵션계약 파기

〈그림 III-1〉과 같이 2004년 10월 이후 환율은 급락하는 국면을 맞는다. 이로 인해 ABC 상사는 XYZ 은행과 장외파생상품계약 체결에서 손실이 예상되었으며, 향후 전망도 그리 낙관적이지 않았다. 결국 2004년 11월 26일 ABC 상사는 XYZ 은행과의 계약 파기를 일방적으로 통보한다. ABC 상사의 일방적 계약 파기로 인해 XYZ 은행은 난처한 상황에 처하게 되었다. 헤지거래에 따른 환율변동 위험을 모두 떠안게 되었기 때문이다. 즉 XYZ 은행

〈그림 Ⅲ-1〉 통화파생상품거래를 전후한 원/달러 환율 변화

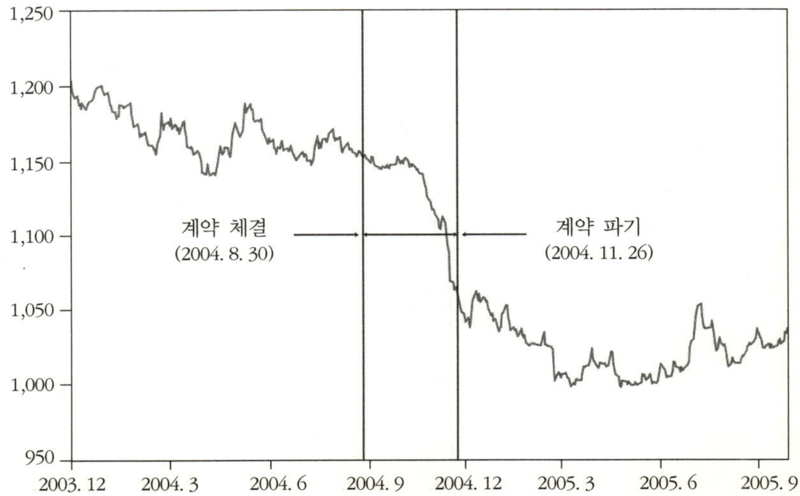

의 파생상품팀 김 과장은 환율이 상승할 경우 ABC 상사와의 거래에서 발생하는 손실을 헤지거래에서 발생하는 이익을 통해 상쇄시키고, 반대로 환율이 하락할 경우 XYZ 은행의 헤지거래에서 발생하는 손실을 ABC 상사와의 계약에서 오는 이익을 통해 상쇄시키는 헤지계약을 설계하였다. 하지만 ABC 상사가 계약을 중도 파기함으로써 환율이 하락할 경우의 위험을 XYZ 은행이 모두 떠안게 된 것이다.

2) XYZ 은행의 헤지거래 청산으로 인한 손익

2004년 11월 26일 ABC 상사가 거래 중도해지를 통보함에 따라 XYZ 은행 파생상품팀에서는 일단 헤지거래를 청산하게 된다. 11월 26일 반대거래를 통해 헤지거래를 청산함으로써 XYZ 은행의 손실이 발생했는데 그 규모는 대략 17억 원이었다. XYZ 은행의 손실규모를 산출한 과정은 다음과 같다.

헤지거래는 선물환계약 1개 매입 포지션과 옵션계약 4개 매도 포지션으로 구성되어 있으며, 선물환계약의 만기일은 2004년 12월 1일, 옵션계약의 만기일은 2005년 2월 25일이다. XYZ 은행 파생상품팀의 김 과장은 헤지거래에서 현재 발생한 손실과 미래의 환율하락으로 인한 추가적인 환위험 노출을 회피하기 위해, 선물환 매입 포지션은 매도하고, 옵션 매도 포지션은 매입하는 반대거래를 2004년 11월 26일에 수행하였다.

선물환 매입거래의 손익은 매도선물환율에서 인도가격을 차감한 금액이다. 여기에 계약금액을 곱한 금액이 총손익이다. 2004년 11월 26일 매도선물환율이 1,046.40원/달러이므로 손익은 −112.05원/달러(1,046.40−1,158.45)이다. 여기에 계약금액 9,000,000달러를 곱하면 −1,008,450,000원의 손실이 발생했음을 알 수 있다. 위 과정을 요약하면 〈표 III-4〉와 같다.

다음으로 풋옵션에 대해 살펴보자. 풋옵션 1,112.20원/달러의 손익은 계약시점의 옵션가격에서 청산시점의 옵션가격을 차감한 금액이다. 여기에 계약금액을 곱한 금액이 총손익이다. 풋옵션 1,112.20원/달러의 계약시점(8월 31일)의 가격은 6.30원, 청산시점(11월 26일)의 가격은 65.80원이었다.

〈표 III-4〉 선물환 매입거래의 손익계산법 : (매도 선물환율－인도가격)×계약금액

인도가격(원/달러)	매도 선물환율(원/달러) (2004. 11. 26)	계약금액(달러)	손익(원)
1,158.45	1,046.40	9,000,000	-1,008,450,000

〈표 III-5〉 옵션 매도거래의 손익계산법 : (계약시점 옵션가격－청산시점 옵션가격)×계약금액

구분	계약시점 옵션가격	청산시점 옵션가격	손익 (원/달러)	계약금액 (달러)	손익(원)
풋 1,112.20 매도	6.30	65.80	−59.50	5,000,000	−297,500,000
풋 1,120.90 매도	8.29	74.50	−66.21	5,000,000	−331,050,000
콜 1,202.00 매도	9.13	0.01	9.12	5,000,000	45,600,000
콜 1,215.75 매도	6.40	0.01	6.39	5,000,000	31,950,000
합계					−551,000,000

따라서 손익은 −59.50원이다. 여기에 계약금액 5,000,000달러를 곱한 금액 −297,500,000원이 총손익이다. 이 과정을 나머지 풋 1,120.90원/달러 매도, 콜 1,202.00원/달러 매도, 그리고 콜 1,215.75원/달러 매도에 적용하여 계산하면 〈표 III-5〉와 같다.

따라서 헤지거래의 청산으로 발생한 총손익은 −1,559,450,000원이며 계산식은 다음과 같다.

총손익 = 선물환 매입 포지션 손익 + 옵션 매도 포지션 손익

4 문제제기

지금까지 XYZ 은행의 실무자인 파생상품팀 김 과장의 관점에서 통화파생상품의 체결 및 헤지, 헤지거래의 청산까지의 과정을 살펴보았다. 이상

의 내용들을 바탕으로 다음 문제들에 대한 적절한 해답을 생각해보고, 이에 대해 토론해보자.

〈문제 1〉

미래 환율이 오르거나 내릴 경우 XYZ 은행과 ABC 상사의 만기시점 손익구조는 어떻게 될 것인가? 최초거래의 [계약 1], [계약 2], [계약 3] 각각에 의해 예상되는 손익구조에 대해 토의해보고 이를 그래프로 나타내보자. 그리고 세 가지 거래를 모두 통합하여 하나의 그래프로 나타내보자.

〈문제 2〉

XYZ 은행이 실시한 헤지거래의 만기 시점 손익구조는 어떻게 될 것인가? 〈문제 1〉과 마찬가지로 선물환 매입 포지션과 옵션 매도 포지션 각각의 예상되는 손익구조를 그래프로 표현해보자. 개별 헤지거래를 통합하여 하나의 손익구조 그래프로 나타내보고, 그 특성에 대해 토론해보자.

〈문제 3〉

Black-Scholes-Garman-Kohlhagen 모형을 이용하여, XYZ 은행과 ABC 상사가 체결한 통화파생상품계약(최초거래)의 손익을 XYZ 은행 입장에서 계산해보자. ABC 상사가 계약을 파기한 시점인 11월 26일의 XYZ 은행의 손익은 얼마인가?

〈문제 4〉

XYZ 은행은 ABC 상사와의 장외파생상품거래 체결 후 헤지거래를 시행하였다. XYZ 은행이 실시한 헤지거래가 적절한가? 헤지거래의 적절성을 논의하기 위해 헤지모수(Greek Letters)를 사용하면 보다 합당한 결론을 도출할 수 있는가?

[첨부] 현물환율, 선물환율, 변동성 자료

본 사례에 사용된 자료를 정리하면 다음과 같다. 선물환율(F_0)과 변동성(σ)을 구할 수 없는 경우에는 인접한 직전, 직후 만기의 자료를 바탕으로 선형보간법(Linear Interpolation)을 사용하여 산출했으며, 만기가 1년 이상인 계약에 대해서는 1년 만기의 선물환율과 변동성을 이용하고 이 경우 '*' 표시를 하였다. 한국 이자율은 CD유통수익률(91일), 미국 이자율은 국채이자율(3개월)을 이용하였다.

〈표 1〉 현물환율

구분	2004. 8. 30	2004. 8. 31	2004. 11. 26
현물환율(원/달러)	1,046.40	9,000,000	-1,008,450,000

〈표 2〉 2004년 8월 30일의 선물환율과 변동성

기간(개월)	선물환율(원/달러)	변동성(%)
6	1160.85	7.30
7*	1159.85	7.32
8*	1158.85	7.33
9	1157.85	7.35
10*	1159.85	7.43
11*	1161.85	7.51
12	1163.85	7.59
13*	1163.85	7.59
14*	1163.85	7.59
15*	1163.85	7.59
16*	1163.85	7.59
17*	1163.85	7.59
18*	1163.85	7.59

〈표 3〉 2004년 8월 31일의 선물환율과 변동성

기간(개월)	선물환율(원/달러)	변동성(%)
6	1,162.35	7.30

〈표 4〉 2004년 11월 26일의 선물환율과 변동성

기간(개월)	선물환율(원/달러)	변동성(%)
3	1048.75	9.30
4*	1048.70	9.20
5*	1048.65	9.10
6	1048.60	9.00
7*	1048.07	8.98
8*	1047.53	8.97
9	1047.00	8.95
10*	1046.47	8.93
11*	1045.93	8.92
12	1045.40	8.90
13*	1045.40	8.90
14*	1045.40	8.90
15*	1045.40	8.90

〈표 5〉 한국 이자율과 미국 이자율

(단위: %)

구분	2004. 8. 30	2004. 11. 26
한국 이자율	3.5200	3.3600
미국 이자율	1.5685	2.2015

참고문헌

제Ⅰ장

권순재 · 정남호 · 최봉(2006), 「e-SCM의 성공적인 파트너십 인과모형에 관한 실증분석」, 『대한경영학회지』 19: 1993-2018.

김범열(2000), 「e-SCM의 성공적 실행전략」, 『LG 주간경제』 567: 28-35.

김태일(2005), 「두바이 항만운영사(DP World)의 성장 전략과 글로벌 터미널 업계의 변화」, 보고서, 한국해양수산개발원.

라이터스 편집부(2006), 『한진해운 해외 거미줄 네트워크-초일류 '항해'』, 라이터스 e-book.

우종균(2005), 「머스크시랜드, P&O 네들로이드 인수」, 보고서, 한국해양수산개발원.

이재균(2006), 「무역 1조 달러 시대 대비한 한국 해운 물류업」, 『해운물류연구』(한국해운물류학회) 48: 153-171.

임종관(2004), 「세계 물류환경변화와 대응방안」, 보고서, 한국해양수산개발원.

최재선(2005), 「2006년 해운시장 7대 이슈」, 보고서, 한국해양수산개발원.

한진해운(2006), 「2006 사업보고서」.

Fayle, C. E. (2006), *A Short History of the World's Shipping Industry*, Routledge.

Wang, M., & S. Zhang (2005), "Integrating EDI with an E-SCM System Using Eai Technology," *Information Systems Management*, 22(3): 31-36.

한국해양수산개발원(http://www.kmi.re.kr).

한진해운(http://www.hanjin.com).

한진해운 웹진(http://www.hjszine.com).

DATA MONITOR(www.datamonitor.com).

GT-Nexus(http://www.gtnexus.com).

HJS GLOBAL LOGISTICS(http://www.hanjinterminal.com).

제Ⅱ장

안세영(2003), 「대우자동차 매각협상에 관한 연구 – GM의 협상전략을 중심으로」, 『협상연구』 9(2): 195-215.

이영면(2005), 「대우자동차의 매각협상 사례연구」, 『분쟁해결연구』 3(1): 169-204.

조돈문(2003), 「대우자동차 노동조합의 해외매각 반대투쟁: '동원의 논리'와 '설득의 논리'」, 『산업노동연구』 9(2): 79-107.

Aguilera, R. V., & J. C. Dencker (2004), "The Role of Human Resource Management in Cross-Border Mergers and Acquisitions," *International Journal of Human Resource Management*, 15(8): 1355-1370.

Belcher, T., & L. Nail (2000), "Integration Problems and Turnaround Strategies in a Cross-Border Merger A Clinical Examination of the Pharmacia-Upjohn Merger," *International Review of Financial Analysis*, 9(2): 219-234.

Bower, J. L. (2001), "Not All M&As Are Alike-and That Matters," *Harvard Business Review*, 79(3): 92-101.

Calori, R., M. Lubatkin, & P. Very (1995), "Control Mechanisms in Cross-Border Acquisitions: An International Comparison," *Organization Studies*, 15(3): 361-370.

Forstmann, S. (1998), "Managing Cultural Differences in Cross-Cultural Mergers and Acquisitions," in M. C. Gertsen, A.-M. Søderberg, & J. E. Torp (eds.), *Cultural Dimensions of International Mergers and Acquisitions*, Berlin, New York: Walter de Gruyter.

Ghemawat, P. (2007), *Redefining Global Strategy*, Boston, Massachusetts: Harvard Business School Press.

Homburg, C., & M. Bucerius (2005), "A Marketing Perspective on Mergers and Acquisitions: How Marketing Integration Affects Postmerger Performance," *Journal of Marketing*, 69(1): 95-113.

Homburg, C., & M. Bucerius (2006), "Is Speed of Integration Really a Success Factor of Mergers and Acquisitions? An Analysis of the Role of Internal and External Relatedness," *Strategic Management Journal*, 27(4): 347-367.

Krug, J. A., & D. Nigh (2001), "Executive Perceptions in Foreign and Domestic Acquisitions: An Analysis of Foreign Ownership and its Effect on Executive Fate," *Journal of World Business*, 36(1): 85-104.

Olie, R. (1994), "Shades of Culture and Institutions in International Mergers," *Organization Studies*, 15(3): 381-405.

Pritchett, P., D. Robinson, & R. Clarkson (1997), *After the Merger: The Authoritative Guide for Integration Success* (Revised ed.), New York: McGraw-Hill.

Reilly, D. N. (2007), 『CEO 닉 라일리, 열정』(윤동구 역), 서울: 한스미디어.

Shrivastava, P. (1986), "Postmerger Integration," *Journal of Business Strategy*, 7(1): 65-76.

Weber, Y., & O. Shenkar (1996), "National and Corporate Cultural Fit in Mergers/ Acquisitions: An Exploratory Study," *Management Science*, 42(8): 1215-1227.

GM DAEWOO(www.gmdaewoo.co.kr).

Hofstede(www.geert-hofstede.com).

제 III 장

박정식 · 박종원 · 조재호(2006), 『현대재무관리』 제7판, 다산출판사.

최혁(2002), 『투자론』, 한국방송통신대학교출판부.

Black, F., & M. Scholes (1973), "The Pricing of Options and Corporate Liabilities," *Journal of Political Economy*, 81: 637-659.

Hull, J. C. (2008), *Options, Futures, and Other Derivatives*, Prentice Hall.

찾아보기

Abstract

Business Cases in Korean Corporation

Soo Wook Kim · Dong Kee Rhee · Jaeho Cho
Tae Woong Kim · Jae Seok Park · Jiyoung Park
Shu Feng Wang · Sun Heum Yoon · Jungeun Cho

Business Cases in Korean Corporation will contribute to the development and use of Korean cases in the classroom. Since Korean industries and companies have shown increased growth, there has been a rise in interest by international executives and professors and hopefully these cases will be used at foreign universities and companies.

A diverse group of people from various fields participated in the publication of *Business Cases in Korean Corporation*. Since this project began in the spring of 2006, professors from Seoul National University's College of Business Administration have contributed to this publication as well undergraduates, graduate students, and case development experts.

We hope that our efforts in publishing *Business Cases in Korean Corporation* will provide information of Korean cases to the world, and will provide useful knowledge to professors for their research and lectures.

:: 발간사

서울대학교 경영연구소의 '한국기업경영사 연구사업'은 한국기업경영에 대한 역사적 연구를 통하여 우리나라 기업경영의 역사와 변천과정, 그리고 이의 성과를 평가하고 미래발전에 대한 시사점을 제시하는 것을 기본 목적으로 시행되었으며, 그 연구의 결과로 본 총서 시리즈를 발간하게 되었습니다.

한국기업의 성장 발전은 과거 30~40년 사이에 매우 빠르게 이루어져 한국경제 성장을 견인하여 왔으나, 한국기업의 발전과정에 대한 체계적인 연구는 이루어지지 않은 것이 오늘의 현실입니다. 역사를 모르고선 우리나라 기업경영의 미래와 발전을 바랄 수 없습니다. 본 총서는 우리 기업의 발전과정에 대한 체계적인 연구를 통하여 선진외국으로부터 1950년대 후반부터 도입된 경영학과 경영기법들이 한국적 토양에 어떻게 정착되었는지를 고찰하고, 향후 지속적인 발전을 위한 학문적 연구 방법 및 한국기업경영의 방향을 모색하였습니다.

본 연구를 토대로 서울대학교 경영연구소는 명실상부 한국기업경영사연구의 중추적 역할을 수행하며, 대학과 연구소의 국제적 경쟁력과 위상을 높일 수 있을 것으로 사료됩니다.

본 연구는 2004년 3월부터 42명의 서울대학교 경영대학 교수와 외부기관의 박사급 이상의 연구원이 공동으로 연구를 하였고, 주제는 산업별 역사, 기업경영사, 기업정책의 변천사 등을 총망라하였습니다.

본 연구총서가 학문적으로 국내외에서 유용한 연구자료로 활용됨은 물론이고, 우리 기업의 성장과정을 직접 체험한 기성세대에게 있어서 기업의 성장 발전과정에 관한 지식을 체계적으로 전달하고, 차세대 젊은이들에게도 유용한 정보를 제공하여 미래 한국기업경영의 방향을 모색하는 데 유익한 자료가 되길 바랍니다.

끝으로 밤을 밝히며 연구에 매진하여 훌륭한 연구실적을 내기까지 노력과 수고를 아끼지 않은 저자 여러분과, 본 연구를 위하여 기꺼이 연구비를 출연하여 주신 SK 그룹, 현대자동차그룹, 삼양사에도 심심한 감사를 드립니다.

2005년 7월

서울대학교 경영대학 학장

서울대학교 경영연구소 소장

:: 저자 약력

김수욱

서울대학교 경영대학 졸업
서울대학교 대학원 경영학 석사, 박사
미국 미시간 주립대학 박사
서울대학교 경영정보연구소 연구부장
서울대학교 경영대학 한전경영대학원 부주임교수
서울대학교 경영전문대학원 학사운영위원회 위원
현재 서울대학교 경영대학/경영전문대학원 교수

저서 : 공급사슬관리를 위한 E-Technology 활용전략(서울대학교 경영대학 전자상거래지원센터, 2004)
서비스운영관리(공저, 한경사, 2004)
상생경영(공저, 김영사, 2006)
상생협력 : 지속성장의 길(공저, 전경련중소기업협력센터, 2006)
E-MBA : 생산 · 서비스 경영(휴넷, 2006)

이동기

서울대학교 경영대학 졸업
서울대학교 대학원 경영학 석사
미국 뉴욕대학교 경영대학원 경영학 박사
미국 뉴저지주립대학교 경영대학 조교수
서울대학교 경영대학 국제경영연구센터 센터장
한국경영학회 상임이사
한국국제경영학회 부회장
현재 서울대학교 경영대학/경영전문대학원 교수

저서 : 서비스산업의 국제경쟁력(서울대학교출판부, 1995)
한국기업 해외직접투자 전략의 변천(서울대학교출판부, 2007)

조재호

서울대학교 경영대학 졸업
미국 펜실베이니아대학교 와튼스쿨 재무학 석사
미국 펜실베이니아대학교 와튼스쿨 재무학 박사
미국 뉴욕시립대학교 바루크대학 교수
Chartered Financial Analyst(CFA: 19277)
현재 서울대학교 경영대학/경영전문대학원 교수

저서 : 현대재무관리 제6판, 제7판(공저, 다산출판사, 2001, 2006)
현대재무관리연습(공저, 다산출판사, 2003)
선물, 옵션, 스왑(공저, 다산출판사, 2009)

김태웅

아주대학교 경영대학 졸업
서울대학교 대학원 경영학 석사
현재 신용보증기금 재직

박재석

서울대학교 자연과학대학 졸업
서울대학교 대학원 경영학 석사
현재 서울대학교 대학원 경영학 박사과정

박지영

서울대학교 농업생명과학대학 졸업
서울대학교 대학원 경영학 석사
현재 서울대학교 경영대학 경영학 박사과정

왕수봉

대만 국립정치대학교 재무관리학과 졸업
서울대학교 대학원 경영학 석사
현재 서울대학교 대학원 경영학 박사과정

윤선흠

경희대학교 경영대학 졸업
서울대학교 대학원 경영학 석사
현재 서울대학교 대학원 경영학 박사과정

조정은

서울대학교 경영대학 졸업
서울대학교 대학원 경영학 석사
현재 서울대학교 경영대학 경영학 박사과정

서울대학교 경영연구소
기업경영사 연구총서 26

한국기업의 경영사례

저 자 김수욱 이동기 조재호
김태웅 박재석 박지영 왕수봉 윤선흠 조정은

2009년 2월 25일 초판 제1쇄 인쇄
2009년 2월 28일 초판 제1쇄 발행

발행인 이장무
발행처 서울대학교출판부
151-742 서울 관악구 관악로 599
마케팅과 02-889-4424, 02-880-7995
Fax 02-888-4148
E-mail snubook@snu.ac.kr
Home-page http://www.snupress.com

출판등록 제15-3호

ISBN 978-89-521-0982-8 94320
세트 978-89-521-1016-9

값 7,000 원

서울대학교 경영연구소 기업경영사 연구총서

01 **한국기업 배당정책의 변화** | 최도성 · 김성민

02 **한국기업의 서비스 품질 평가제도 변천과정** | 이유재 · 라선아

03 **한국 브랜드의 진화 및 발전** | 김재일

04 **한국 백화점 역사** | 김병도 · 주영혁

05 **한국 인터넷 기업의 변천사: 네트워크 경제의 실험과 형성** | 안중호 · 양희동 · 오상조 · 김은진

06 **우리나라의 기업공시제도: 공정한 거래와 투명한 정보제공** | 윤계섭 · 허희영

07 **한국 PC산업의 발전과정** | 김상훈 · 오정석

08 **한국기업 해외직접투자 전략의 변천** | 이동기 · 박남규 · 조영곤 · 김동희

09 **한국기업의 ERP 도입과 운영의 변천사** | 안상형 · 이창희 · 최강화

10 **한국 팀제의 역사, 현황과 발전방향** | 박원우

11 **기업세무전략에 대한 실증** | 정운오 · 박종일 · 박찬웅

12 **한국기업의 특허전략 변화** | 송재용 · 신현한

13 **한국기업 성과급제도의 변천** | 김성수 · 박찬희 · 김태호

14 **한국 온라인게임산업의 발전과정과 향후 과제** | 노상규 · 위정현

15 **한국 이동통신 서비스 및 단말기 산업의 변천과 발전방향** | 박철순 · 김성훈

16 **우리나라의 회계감리제도** | 이창우 · 유재규 · 고종권

17 **개성상인의 현대경영학적 재조명** | 주우진

18 **한국 기업의 임금관리** | 최종태 · 박준성 · 이준우

19 **한국 장수기업의 성공사례: 삼양사 기업경영사 연구** | 신유근

20 **한국 전자산업의 마케팅 발전 과정** | 임종원 · 이한석 · 송상연

21 **한국 기업의 인사평가 변천사** | 박오수 · 김기태 · 전병준

22 **한국 자동차산업의 제품혁신 역사와 애프터마켓** | 김수욱

23 **한국 기업의 경영 정보 시스템 변천사** | 장정주 · 권순동

24 **한국 제약기업의 변화와 도전: 한올제약의 전략적 선택** | 김성수

25 **사원 만족도 관리 전략: 예스코의 변화관리** | 김성수

26 **한국기업의 경영사례** | 김수욱 · 이동기 · 조재호 · 김태웅 · 박재석 · 박지영 · 왕수봉 · 윤선흠 · 조정은